Les Secrets Énergétiques d'un Mariage Durable

Ludmila Strelnikova
Larisa SEKLITOVA

Les Secrets Énergétiques d'un Mariage Durable

Edition : BoD - Books on Demand
12/14 rond-point des Champs Elysées
75008 Paris
Imprimé par BoD – Books on Demand, Norderstedt
ISBN : 978-2-**3222-3550-6**
Dépôt légal : **Septembre 2020**

STRELNIKOVA Ludmila et SEKLITOVA Larisa.
LES SECRETS ÉNERGÉTIQUES D'UN MARIAGE DURABLE

Ce livre est consacré à l'analyse de la relation entre un homme et une femme dans la famille et en dehors. Un mariage ordinaire dont les jeunes rêvent, si familier et, il s'est avéré, si peu connu, s'ouvre aux lecteurs du point de vue du karma clanique, de la préservation du code génétique du clan et de bien d'autres aspects, y compris les caractéristiques des relations intimes à l'énergoniveau et les connexions énergétiques des gens.

Le mariage légal cache de nombreux mystères, révèle ses différences avec le regroupement illégal d'un homme et d'une femme dans une union familiale, raconte certaines des conséquences des violations de la relation entre un homme et une femme. Et pour la première fois, le livre révélera aux lecteurs quel est le secret du mariage et le dicton «Les mariages sont faits dans le ciel».

La raison de la polygamie parmi les musulmans sera révélée, ainsi que ce qui peut et ne peut pas être fait après un divorce. Le lecteur apprend les maladies karmiques associées à la mauvaise relation entre les hommes et les femmes, le mariage d'un partenaire positif et négatif.

En outre, le livre répondra à certaines questions sur l'éducation, en particulier, est-il possible de renoncer à un père négatif; le lecteur découvre le secret de l'argent, le monde des naïfs. Beaucoup de choses intéressantes lui seront révélées sur les sentiments de l'âme après la mort d'une personne: on découvrira si l'âme oublie son grand amour; que l'âme reconnaît après la mort; le moment des réincarnations sera rapporté; sur ce qui rend le karma plus facile et bien plus encore.

CHAPITRE 1
NUANCES DES RELATIONS FAMILIALES.
FAMILLE - QU'EST-CE QUE C'EST

La famille pour une personne a toujours été la base de l'existence. Il a commencé son développement et y a terminé sa vie personnelle, puisque la société elle-même, chaque composante de son unité, a axé l'individu sur la création d'une famille et la vie dans un cercle étroit de certaines personnes, liées par le sang et l'esprit. La famille devait enseigner à l'enfant la vie et les règles des relations entre les gens, enseigner la morale de base, ainsi que l'interaction les uns avec les autres dans l'environnement social et le monde extérieur.

Des clans familiaux similaires existent dans le règne animal parmi les singes, les suricates, les éléphants, les lions, les tigres, les loups et de nombreuses autres espèces animales. Ils ont également des regroupements semblables à des familles, des communautés de leur genre. Et de telles âmes, qui ont déjà absorbé dans le passé les compétences de soumission aux âmes supérieures au niveau de développement et ont l'expérience de l'existence sous la forme clanique d'un animal, perçoivent plus facilement les relations familiales sous la forme d'un humain et les développent plus progressivement.

Mais dans le monde terrestre il y a beaucoup d'âmes qui ont l'habitude de vivre seules, en dehors des communautés (ours, certaines races de chèvres de montagne, etc.), et il est plus difficile pour ces personnes de maîtriser la vie de famille, la coexistence en groupe. Par conséquent, eux et leurs familles ont de nombreux inconvénients.

Une excellente base d'éducation a été posée dans la famille par les Supérieurs, mais les gens, en raison de leur bas niveau, ont tout perverti, et au fil du temps, de tous les meilleurs, des grandes fondations des Maîtres Célestes, des restes pitoyables d'idées autrefois merveilleuses et nobles sont restés.

Le fondement inférieur des âmes était plus forte, elles aspiraient à rester volontaires, à n'obéir qu'aux désirs primitifs personnels et aux instincts acquis, et à réaliser leur transformation en quelque chose de sublime, d'humain pour eux était difficile, difficile, et donc les gens ont choisi ce qui était plus facile. L'humain a toujours préféré ce qui est plus simple, qui demande moins d'effort mental et physique. Autrement dit, il était initialement paresseux. Et cela, naturellement, venait de sa nature animale. Après tout, les animaux ne fonctionnent fondamentalement pas, ne se battent pas pour certains avantages et la dignité de l'âme, mais se contentent de ce qu'ils ont. La seule chose pour laquelle les animaux se battent toujours est la survie. Une personne moderne est d'abord placée dans un environnement où elle n'a pas à se battre pour sa survie, car si la famille ne donne pas à la personne née une chance de grandir dans des conditions normales, alors la société assume la responsabilité d'élever et d'éduquer tout enfant, même un enfant jeté hors de la famille par le destin, en un environnement acceptable pour la vie, où il ne pensera pas à la survie. Pour l'humain, en tant que forme d'existence la plus élevée, qui est hiérarchiquement au-dessus du plan animal, la société donne toutes les possibilités de vie, afin qu'il commence à développer en lui-même de nouvelles qualités qui correspondent à cette forme de vie, afin qu'il maîtrise plus efficacement les nouveaux concepts humains et développe rapidement le cerveau physique dans la perception du monde environnant et connaissance de ses fondements humains. Surtout ce dernier est grandement facilité par le fait qu'il n'est pas nécessaire de se battre avec quelqu'un et avec quelque chose pour de meilleures conditions de vie.

Mais lorsque l'âme est transférée à un Niveau de développement supérieur, sous la forme d'un être supérieur, alors les exigences pour elle (âme)* changent. Et l'augmentation des exigences ne vient pas des désirs des Maîtres Célestes, mais des lois du développement de l'évolution, de la progression de la vie elle-même. L'intensification des demandes s'accompagne du dépassement de diverses difficultés, de la gravité d'être une nouvelle forme d'existence, et cela, à son tour, s'accompagne d'une augmentation du potentiel énergétique de l'âme, qui ne fait que contribuer à l'augmentation de son potentiel et de son Niveau.

Dans la vie ordinaire d'une personne, peu de choses rendraient son existence intéressante et l'encourageraient à s'efforcer d'augmenter son niveau plus rapidement, augmentant ainsi la vitesse de son développement évolutif, de sorte que le plus élevé doit constamment trouver comment l'occuper, comment l'attirer, afin de le forcer à développer son énergopotentiel. La présence du programme créatif d'une personne leur a bien aidée dans cette affaire.

Il convient de rappeler que l'expression «accumuler l'énergopotentiel de l'âme» est l'essence principale du développement de l'humain, de sa vie sur Terre.

La créativité a enflammé les âmes de nombreuses personnes avec le désir de transformer le monde environnant, le transformant en quelque chose de beau. La créativité a permis à une personne de se créer des avantages et de transformer le monde gris et disgracieux en jardins paradisiaques, supprimant de la nature environnante tout ce qui a l'air ordinaire, chaotique.

L'humain sentit qu'il était en son pouvoir de lutter pour les meilleures conditions de son existence, et une telle idée - «rendre le monde meilleur, plus beau et plus confortable pour soi» - l'emporta et contribua au progrès significatif de l'âme. La recherche de la beauté a été un puissant stimulant du développement humain. Cela a également commencé à promouvoir le développement de son intellect, car il a commencé à réfléchir à la nature des choses et au monde, en fondant la philosophie et un certain nombre d'autres sciences qui ont contribué à améliorer sa pensée.

Mais quand, finalement, l'humain a appris à penser plus ou moins et à comprendre le monde et les autres créatures qui s'y trouvaient, il a indépendamment et délibérément commencé à s'efforcer de développer sa pensée, a commencé à apprendre à révéler les secrets de la nature et à en apprendre davantage sur le monde. Et la famille l'a beaucoup aidé dans ce domaine.

La famille est une reproduction miniature de la hiérarchie de Dieu et de l'unité d'éducation qui aide les âmes de cette mini-hiérarchie à s'améliorer. La famille est une unité de la structure non seulement de la société, mais aussi, par rapport à sa définition plus globale de «mini-hiérarchie», la famille peut aussi être appelée une unité de la structure de notre Nature et de toute notre Création. Par conséquent, cette première brique doit être prise au sérieux et continuer à s'améliorer.

Nous n'exagérons pas lorsque nous parlons de la famille comme d'une unité d'éducation. Il suffit de considérer attentivement toutes les relations en son sein entre trois générations (grands-mères et grands-pères; parents: mère et père; leurs enfants) pour comprendre que dans la famille, chacun s'instruit constamment quelque chose et se transmet ainsi son expérience de vie. Et de cette façon, toutes les relations entre eux sont constamment ajustées. La génération plus âgée instruit les parents modernes, leurs enfants; le mari élève la femme, la femme - le mari; parents - enfants; les enfants, à leur tour, enseignent à leurs parents, et ce cycle d'apprentissage ne se termine jamais.

L'ancienne génération se souvient de son passé et le compare avec la nouvelle, tandis que la jeune génération les familiarise avec les relations modernes dans la société et enseigne les nouvelles technologies. Cela permet à différentes générations de comparer les raisons pour lesquelles l'âme acquiert une nouvelle expérience de l'évolution des relations entre les personnes de la famille au fil du temps. Il est nécessaire d'acquérir de l'expérience, car les relations particulières de la coexistence des âmes se poursuivent, se développent, ce qui nécessite de constamment réfléchir à la manière de les améliorer et de les rendre plus parfaites.

Une personne aspire toujours au bonheur, et cela se cache dans certaines relations entre les personnes, il est donc nécessaire de continuer à réfléchir à la façon de les faire pour qu'elles (la relation)* donnent le bonheur, la confiance qu'en cas de maladie ou d'impuissance, vous ne serez pas expulsé de votre cellule des mini-hiérarchies comme un chaton inutile ou un vieux chien malade.

L'âme doit toujours se rappeler qu'elle est infusée sous la forme d'une personne afin, tout d'abord, d'humaniser ses relations avec toutes les formes vivantes sur Terre, afin qu'une personne devienne un standard d'humanité, de miséricorde, d'élévation des sentiments, un exemple d'amour les uns pour les autres. Il devra donc étudier et améliorer ces principes pendant longtemps.

RELATIONS DISCRÈTES

Il a été décidé de consacrer cet article à une analyse des relations tacites qui existent entre les hommes et les femmes. Cette relation a évolué au fil des siècles, passant d'un caractère trop strict à ce que l'on devrait simplement appeler la promiscuité. On peut même dire qu'à l'heure actuelle, il y a le chaos dans les relations entre hommes et femmes: ils ont des rapports sexuels sans contracter des liens légaux de mariage (mariages civils), ils s'embrassent de manière démonstrative dans la rue, montrant à quel point ils s'aiment, et après quelques heures peut se battre jusqu'à la mort. Si un étranger les réprimande, ils lui lâcheront un clip de langage grossier, lui jetteront de la boue et parfois ils pourront le battre. C'est-à-dire qu'ils considèrent leur propre comportement comme le summum des relations humaines et n'hésitent pas à montrer leur intimité devant d'autres, qui, peut-être, sont dégoûtés de regarder leurs baisers et leurs sentiments visiblement ostentatoires. La vulgarité de telles personnes suinte de toutes les fissures et reste sur tout ce qu'elles touchent, tachant ce qu'elles veulent exprimer d'elles-mêmes: que ce soit la danse ou le style de leurs vêtements, même leur créativité sera pleine de méchanceté, d'obscénité.

Une couche d'égoïstes immoraux est apparue, prêts à tout faire devant ceux qui les entourent, croyant que c'est permis. Mais même si ce n'est pas autorisé, ils ne se soucient pas des opinions et des sentiments des autres. Autrement dit, ce sont des gens qui ne savent vraiment pas "ce qui est bon et ce qui est mauvais", comme l'a noté Mayakovsky au siècle dernier. Il a soulevé cette question, mais la société l'a ignoré et vous devez maintenant récolter les fruits pourris de l'immoralité et des mauvaises manières.

Le monde terrestre est double en ce sens que des individus positifs et négatifs s'y développent. De plus, il peut être considéré comme mélangé aussi pour la raison que des âmes de différents niveaux de développement y sont simultanément perfectionnées, de zéro à cinquante-cinquième (pour le moment) pour les positifs, et jusqu'à 70e - pour les négatifs. Cela impose également de nombreuses difficultés et particularités au développement.

Les gens de différents niveaux, par exemple, croient que ce qui est permis pour l'un peut être fait par un autre. Cependant, à cet égard, le contraire est vrai: la règle suivante fonctionne entre les Niveaux - "ce qui est autorisé à un Niveau* ne l'est pas à un autre, supérieur". Et ici, vous pouvez même ajouter: "qui est punissable pour le prochain Niveau".

Le comportement humain est multivarié, associé à de nombreuses autres personnalités similaires. Et ils sont tous individuels, avec leurs propres goûts, préférences, habitudes, et de là cela découle: ce que l'un aime, l'autre n'aime pas. En tenant compte des individus oppositionnels, on peut dire: «Ce que l'on aime peut être haineux pour un autre» individu négatif, et donc, à cause de cela, des querelles, des disputes, etc. peuvent éclater entre eux, jusqu'aux combats et au meurtre.

La société moderne à la fin de la 5ème race est un tel mélange d'unités personnelles qui, d'une part, ont déjà atteint un niveau significatif d'amélioration, de développement des goûts, d'acquisition de nombreuses compétences, habitudes, qualités professionnelles, ils ont beaucoup appris, réalisé; mais, d'un autre côté, ils ont à peine appris les règles de la morale, sur lesquelles ils devraient être guidés en fonction de leur niveau. Ils ont pris la liberté qui leur était donnée comme une indication de l'absence de toute moralité dans la société, c'est-à-dire qu'ils étaient heureux que les interdictions aient cessé d'exister, et maintenant chacun peut faire tout ce qu'il veut sans être condamné par la société.

Par conséquent, les règles de comportement qui étaient censées transformer la relation entre eux en un beau conte de fées ont transformé leur vie en un fantasme terrible, cruel, sale, plein d'injustice, d'agression, d'immoralité et autres vagues, qui ne s'est pas encore pleinement manifesté, mais a déjà commencé de manière intensive. détruire tout le meilleur de la société et rendre la vie de nombreuses personnes insupportable.

Pour la fin de l'existence de la cinquième race, il est caractéristique que chaque âme résume les résultats de son développement personnel. Et pour cela, le monde a une certaine liberté - faites ce que vous voulez, tout est permis, tout est permis, démontrez ce dont vous êtes capable dans une bonne situation, mais de manière encore plus approfondie sera testé ce dont un individu est capable dans une mauvaise situation: dans des conditions de vie inconfortables et lorsque les autres ne tiennent pas compte de vos goûts et de vos intérêts.

Mais les gens ont montré l'anarchie à laquelle aspirait leur âme, et tranquillement, pas à pas, toutes les années de leur vie qui leur ont été données se sont dirigées vers elle.

Chacun a ses propres erreurs, et il est nécessaire de traiter chacun séparément, mais dans ce chapitre, nous essaierons d'identifier ces lacunes qui sont devenues communes à beaucoup, qui croyaient vivre simplement par l'appel de leur cœur et ne faire de mal à personne. Considérons tout de même du point de vue du karma et de l'énergie, ce qui est bon et ce qui est mauvais et est lourd de conséquences karmiques. Nous répondrons à vos questions les plus intimes.

MARIAGE CIVIL – ÉNERGOVIOLATION

D'un point de vue énergétique, les mariages civils sont un péché, car le couple a des perturbations dans la production des énergies correspondantes. Et selon le karma, ils devront les travailler dans la prochaine incarnation.

L'âme humaine ressent l'illégalité de la relation et entre souvent dans un état de conflit interne avec son esprit, car la psyché humaine fonctionne nécessairement, qui sait que l'individu commet des actions illégales. Et la personne n'a pas encore appris à négocier avec la psyché.

En outre, la télévision et un certain nombre de programmes sur la famille nous permettent à tous de voir que les enfants souffrent le plus des mariages civils temporaires. Le père n'a pas pris sur lui la responsabilité de légaliser le mariage, la mère n'a pas pris la responsabilité d'élever un enfant et l'a envoyé dans un orphelinat, et par conséquent, ces enfants jusqu'à un âge très avancé cherchent leurs origines, leurs racines et essaient de regarder dans les yeux de leur père et de leur mère et de comprendre pourquoi ils ont été abandonnés, pourquoi ils sont devenus inutiles. Ce sont d'énormes tragédies qui font pleurer le public.

L'un n'a pas assumé une responsabilité, l'autre une autre, et par conséquent, les souffrances et les tourments de leurs enfants accablent la vie de leurs héritiers de larmes. Pour cela, les conjoints de fait porteront aussi nécessairement le karma, ils feront face à des trahisons similaires de leurs parents, une vie solitaire et dure dans une société qui leur sera indifférente, et bien d'autres actions douloureuses de l'environnement à leur égard. Si les couples contractant un mariage civil se faisaient dire quel karma les attendrait dans leur prochaine vie pour toutes leurs violations, alors beaucoup penseraient à leur avenir et légaliseraient leur relation, atténuant ainsi le karma.

Les personnes ayant des relations légalisées et des mariages civils dans la vraie vie se sentent complètement différentes grâce à leur psychisme. Certains sont des maîtres dans la vie, tandis que d'autres sont des vagabonds temporaires, des observateurs vides des affaires des autres. Certains reçoivent des joies légitimes comme récompenses pour le bon mode d'existence, tandis que d'autres reçoivent des maladies et des blessures qui les ralentissent, comme pour dire: arrêtez et prenez sérieusement en charge vous et votre vie, ne faites pas pousser des fleurs vides, mais une oreille forte, alors le destin se tournera vers votre visage et sourira avec une mère affectueuse.

Ainsi, le karma interférera toujours dans la relation des hommes et des femmes positifs, et le mécanisme de production d'énergies fonctionnera pour eux en fonction de la légitimité de leurs actions. Il commencera à mal fonctionner, se mélangeant à la saleté dès que la légalité des actions des gens sera violée. Vous pouvez vous tromper vous-même et les autres, et ces mécanismes créés par le Très-Haut fonctionneront strictement et clairement selon les règles qu'ils y mettent, de sorte que la saleté sera toujours révélée.

Il est important que les gens apprennent l'obéissance et le respect des règles, des lois et des normes de la vie. Cela rendra leur vie plus heureuse, réduira le karma et augmentera le pourcentage de santé.

COMMENT CONSTRUIRE LES RELATIONS AVEC VOTRE FEMME SI VOUS ÊTES DEVENU DIFFÉRENT A L'INTÉRIEURE

Lecteur. J'aimerais avoir des conseils car je ne comprends pas certaines choses. Vos livres disent (entre autres) que les vies humaines sont censées enseigner quelque chose aux gens, en plus de leurs nombreuses autres fonctions.

Certaines âmes font une expérience, d'autres une autre. Vous savez maintenant qu'une personne perçoit de nombreux processus illusoires, bien que leur contenu diffère des représentations humaines. Par exemple, un individu peut penser qu'il vit de manière purement humaine: il a un petit enfant avec sa femme, maintenant il l'élève.

Mais en réalité, tout n'est pas le cas à l'échelle mondiale: selon le programme, il a eu la possibilité de fonder une famille, d'accoucher et d'élever un bébé. Mais ce bébé dans sa véritable essence, comme son épouse, développe des âmes (peut-être même plus progressives que lui) avec leur propre direction qualitative de développement et leurs caractéristiques fonctionnelles. Autrement dit, le véritable statut de chacun d'entre eux (membres de la famille)*, si l'on va au fond de la vérité, ce sont les éléments de travail du cosmos.

Question. Vaut-il la peine maintenant, après avoir appris en partie les informations que vous exposez dans les livres, de changer votre perception du monde afin que vous soyez conscient de vous-même et des autres en premier lieu exactement comme mentionné dans votre littérature, c'est-à-dire qu'une femme n'est pas une épouse, mais votre égale avant L'âme a été créée à l'origine par Dieu dans un but précis. Et puisque nous, du point de vue énergétique, sommes du même sang «fraternel», alors nous devrions nous percevoir comme une sorte de collaborateurs dans la cause commune de servir Dieu, dans la perfection des âmes. Ou vaut-il mieux continuer à jouer le rôle du mari? Après tout, votre conjoint peut mal vous comprendre.

Je ne veux pas dire simplement une sorte de relation familiale-

mariage, mais tout autre. Juste, par exemple, après avoir lu vos livres, j'ai arrêté de boire. L'équipe au travail propose de s'asseoir quelque part - je refuse. J'ai changé mon attitude d'une autre manière. Par exemple, un collègue de travail est décédé - des collègues condamnent qu'il ne soit pas venu dire au revoir à la morgue. Mais comment leur expliquer que la mort n'est qu'un abandon temporaire de l'enveloppe physique par l'âme, alors que l'âme elle-même reste vivante. Et le défunt doit être traité comme s'il était vivant. Ils ne me comprendront pas si je dis que le jour des funérailles, j'étais à l'église, j'allumais une bougie pour une personne passant dans le monde subtil, puis lisais vos nouvelles prières pour lui fournir des énergies pendant son ascension.

Au travail, ils pensent déjà que je suis un peu fou. Je pense qu'il ne sert à rien d'essayer de leur expliquer quelle est la raison du changement de comportement. Alors, comment agiriez-vous à la place d'un simple mortel - continueriez-vous à jouer le rôle social qui lui est assigné (mari, ouvrier d'usine, etc.), mais avec une prétention intérieure, ou vous diriez directement: "Je suis maintenant une personne différente et Je perçois tout un peu différemment, même si vous ne me comprenez pas. "

Pourquoi est-ce que je parle de prétention interne? Parce que le système de valeurs change avec l'étude des informations spatiales. Auparavant, par exemple, une personne pouvait être heureuse d'un mariage avec un être cher, mais maintenant elle sera plus heureuse d'une plus grande correspondance avec l'énergopotentiel des mondes de Dieu, et non avec le Diable. Et comment traiter votre femme: simplement, comme une femme, si dans la prochaine incarnation, s'ils ne la démontent pas pour des parties, elles seront réunies avec une autre âme, qui jouera le rôle de votre femme, et celle-ci ne se reverra peut-être plus jamais. Les illusions prendront fin, la vérité de la vie sera révélée.

Réponse. Tout d'abord, je voudrais dire que des notes ambitieuses se font jour dans votre question: après avoir lu les nouvelles informations, vous avez senti que vous étiez devenu beaucoup plus intelligent que les gens autour de vous. En effet, ce que vous savez, ils ne le savent pas, et donc, si vous commencez à leur expliquer quelque chose à partir de vos nouvelles positions de compréhension du monde, ils ne comprendront rien, puisqu'ils n'ont pas lu la même chose. Les gens sont restés les mêmes, mais vous avez un peu grandi. Et ce n'est rien de spécial. Vous avez le même avantage qu'une cinquième niveleuse sur une première niveleuse, pas plus. Et pour établir des relations amicales entre eux, le Niveau supérieur doit toujours s'adapter aux concepts du Niveau inférieur. Dans ce cas, vous serez bien compris, sans offense ni infraction de l'autre côté, et la paix et l'harmonie se développeront entre vous. La principale chose dans la communication entre des âmes de potentiel différent est la compréhension mutuelle. Et le fait que vous possédez certaines connaissances dans une plus grande mesure par rapport aux autres peut être démontré plus tard, dans la pratique, quand quelqu'un a besoin de votre aide. Dans l'Univers, chaque âme doit prendre sa place en fonction du Niveau et de la qualité de son but, par conséquent, les différences entre les âmes ont toujours été et seront toujours, mais cela ne signifie pas qu'il faut se replier sur soi-même, ignorer quelqu'un.

La vie quotidienne et la société sont données à une personne afin d'unir les gens avec une compréhension commune des situations, de développer des concepts communs pour de nombreux Niveaux de développement qui les aident à interagir, à se faire des amis, à s'aimer et à se respecter. Vous pouvez envisager une autre situation similaire à la vôtre. Disons que vous prenez n'importe quel docteur en sciences qui possède une telle quantité de connaissances dont vous n'avez aucune idée, mais si vous devenez son étudiant, il descendra au Niveau de vos concepts et engagera une conversation avec vous afin que vous ne remarquiez même pas qu'il est également en interne complètement différent de vous. Autrement dit, il est important de trouver des concepts communs avec tout le monde, c'est-à-dire une compréhension mutuelle. Et ne rappelez jamais égoïstement à personne que vous en savez plus et plus intelligemment que quelqu'un.

Deuxièmement, vous vivez dans un monde complexe et bas, ou plutôt dans un monde qui a pris du retard dans son développement pendant plusieurs centaines d'années, il y a donc de nombreuses personnalités agressives et primitives qui ne sont pas capables de comprendre la Connaissance Supérieure et l'essence de leur existence. Votre conscience a progressé avec succès grâce à la compréhension de nouvelles informations. Cependant, vous jugez mal ce qui se passe.

Le monde terrestre est tellement organisé que les individus modestes s'opposeront toujours à ceux qui sont en avance sur eux dans le développement. Leur envie joue un rôle important à cet égard, leur incapacité à comprendre la vérité eux-mêmes. Par conséquent, vos employés et même les membres de votre famille peuvent se retourner contre vous et vous causer de la douleur et de la souffrance par leur condamnation constante de votre nouvelle vision du monde.

Les oppositions des personnes par des intérêts ou une vision de la vie ont toujours existé et continuent d'opérer au moment présent, et cela ne dépend pas de la connaissance qu'une personne possède, mais du fait que toute personne est capable d'accepter uniquement quelqu'un qui partage ses intérêts et ses vues avec lui. pour la vie. S'il n'y a pas une telle unité, il y aura toujours des malentendus, des disputes, des querelles. On veut montrer qu'il est plus haut, plus intelligent que les autres, et ceux-ci, à leur tour, ne veulent pas l'accepter, car il ne fait pas preuve de délicatesse et se met avec arrogance au-dessus des autres. Tels sont les gens en ce moment. Ils n'aiment pas ceux qui diffèrent d'eux par quelque chose de petit. Ils ne le traiteront normalement que lorsqu'il révélera une copie complète d'eux-mêmes, c'est-à-dire qu'il ne se laisse pas élever au-dessus d'eux et laisse entendre qu'il est en quelque sorte meilleur qu'eux. Les gens ne tolèrent pas que quelqu'un essaie de prouver ou de laisser entendre qu'il est spécial et supérieur à eux. Tels ils vont, comme on dit, battre jusqu'à ce qu'il admette qu'il est le même qu'eux. La communication doit toujours être sur un pied d'égalité. C'est le meilleur moyen pour les gens d'interagir les uns avec les autres dans les mondes bas et moyen.

Il ne faut pas non plus dire à la femme que vous êtes devenu différent intérieurement, le mari et la femme sont généralement sur un pied d'égalité et cela maintient leur union pendant longtemps. Dès que l'on commence à se construire grand et sans égal, la famille s'effondre. Pourquoi en avez-vous besoin?

Dans les situations de votre famille et au travail, nous vous conseillons de continuer à jouer le rôle d'une personne ordinaire, sans mauvaises habitudes (reportez-vous au fait que vous menez une vie saine). Si vous êtes devenu plus intelligent et plus grand que votre femme, alors vous devez la comprendre, être condescendant à ses défauts et ne pas montrer l'apparence que vous êtes devenu différent.

Prenez Christ. C'est l'Âme la Plus Élevée, mais Lui aussi, à son époque, devait jouer le rôle d'une personne simple, avec laquelle on pouvait librement s'asseoir à la même table et parler de sujets quotidiens, ouvrir son âme, mais en même temps, Jésus a essayé de guider discrètement les autres dans la conversation vers des objectifs plus élevés. ...

Il faut être capable de paraître adéquat dans son environnement pour ne pas rejeter la personnalité. Une idéologie mal formée dans l'esprit devient souvent la raison du rejet des non préparés, qui vont aux extrêmes en raison de leurs vues spéciales sur la vie, ne pouvant pas les relier correctement à la réalité et les appliquer pratiquement, donc les principes de la coexistence idéologique dans la société sont toujours basés sur l'harmonie, l'unité et la cohésion. dans une combinaison équivalente avec la raison, la raison et l'identité réelle.

Bien sûr, il ne vous sera pas facile de nouer des relations avec votre femme, tout comme vous les interprétez d'une nouvelle manière, car nous enseignons des relations élevées, dont vous n'avez pas encore maîtrisé la pratique. Et cette relation comprend nécessairement l'amour et le soin l'un de l'autre, mais à un Niveau supérieur. Cependant, si votre conjoint n'accepte pas votre nouveau point de vue, vous devrez continuer à jouer le rôle d'un mari médiocre ordinaire. Mais rappelez-vous que les Supérieurs voient tout et approuvent vos actions, puisque ces sacrifices seront pour le bien de préserver l'unité principale de la société - la famille. Soyez humain, sublime et juste.

Une personne du futur lointain (7e race), à la fin, atteindra un tel niveau dans ses relations sexuelles, auquel son désir sexuel ne gâchera pas son énergie. Il pourra concentrer son attention non pas sur les relations de base entre un homme et une femme, comme cela se passe actuellement, par exemple, dans l'industrie cinématographique, où chaque film est une histoire uniquement sur l'amour et la lutte pour les bien, mais sur la création d'une intrigue intéressante sur la lutte. pour Nouvelles Connaissances, pour une nouvelle société parfaite, pour l'impeccabilité de leur professionnalisme.

Devenir intérieurement différent est la première étape, et s'élever à un niveau supérieur est la deuxième étape, de sorte que cette confirmation du nouvel état de l'âme par des actions morales élevées puisse être appliquée aux situations de la vie.

Et, bien sûr, la Nouvelle Connaissance ne doit pas être personnifiée avec une vision technique de la vie, une unité mécanique, qui est une sorte de roue ou d'engrenage du grand et énorme mécanisme de l'Univers. Tout en lui est absolument vivant, spiritualisé, comme un cœur dans la poitrine d'une personne, dont chaque battement donne au corps humain un nouveau jour de vie, et au corps de l'Univers, toute petite unité de vie accorde une existence éternelle, un renouvellement, la continuation d'une existence inextinguible. L'incarnation doit s'exercer avec le grand Amour de Dieu, sa miséricorde et le pardon inépuisable de tous les pécheurs.

PARTENAIRES NE SE RÉPÉTENT PAS LORS DE LA RÉINCARNATION

Lecteur. Les Supérieurs peuvent-ils répéter la création d'une famille par les mêmes partenaires dans la prochaine incarnation?

Réponse. Les Supérieurs n'adhèrent pas à la tendance à maintenir les connexions passées entre les âmes, car cela ne sert à rien. Par exemple, si le mari dans la réincarnation passée a opprimé la femme, pourquoi les lier à nouveau dans la prochaine incarnation? Si, par exemple, ils sont néanmoins karmiquement liés dans une famille et que l'ex-mari est devenu une femme et l'ex-femme - un mari, alors leurs caractères et leurs inclinations (provenant des accumulations de l'âme) resteront les mêmes. Par conséquent, le mari (ex-femme dans le passé) se comportera modestement comme avant en raison de son caractère calme restant, et la femme (ex-mari-despote dans le passé) continuera à opprimer la même âme. Leur corps ne fera que changer, mais la relation restera la même. Par conséquent, la répétition de mariages avec les mêmes partenaires n'est presque jamais pratiquée.

De plus, chaque âme a son propre objectif individuel de développement dans une immense Nature. Les buts des âmes changent constamment d'incarnation en incarnation, ce qui, comme parfois la vitesse de leur développement, les empêche de se réunir dans une famille.

En raison du fait que la vitesse d'assimilation des informations, la compréhension du monde qui les entoure ne sont pas les mêmes, cela interfère également avec la répétition des mariages. Souvent, une âme fait un saut dans le développement, tandis que l'autre, au contraire, en raison d'une maladie ou d'une sorte de souffrance, se dégrade et abaisse son Niveau.

Et le temps exige de plus en plus l'unification des personnes de même niveau dans les liens du mariage. Et cela n'a aucun sens pour les Supérieurs de garder une trace des couples qui veulent être ensemble dans les prochaines réincarnations, ils n'ont pas le temps de s'engager dans la recherche des connexions passées et d'identifier si elles ont été efficaces ou non. Ainsi, pour de nombreuses raisons, le passage d'un couple à plusieurs réincarnations n'est pas pratiqué, puisque cela ne s'est jamais distingué par la prospérité des âmes en développement. Les Supérieurs estiment qu'il ne sert à rien de poursuivre leur relation à l'avenir pour de nombreuses raisons.

Lecteur. Vous dites que "Les Supérieurs n'adhèrent pas à la tendance à maintenir des liens passés entre des personnes dans plusieurs réincarnations d'affilée, car cela ne sert à rien. Mais je conviens que vous ne pouvez pas maintenir" ces liens "si le mari et la femme vivaient malheureusement ensemble. Et si vice versa? Dans cette vie entre eux - tout va bien, le mari a un effet positif sur sa femme, et elle - sur lui, et ensemble ils progressent plus vite? Comment traitent-ils leur union à l'avenir?

Réponse. Si dans l'incarnation actuelle tout était bon pour les époux, alors cette vie était une confirmation qu'ils avaient tous deux appris à bien communiquer et à comprendre leur partenaire. Mais autour d'eux, il y a beaucoup de couples échoués qui ne savent pas vivre harmonieusement dans l'unité, donc, afin de développer les âmes d'un bon couple, il est conseillé dans la prochaine vie de leur donner d'autres partenaires avec un type de caractère différent.

Dans ce cas, les anciens époux apprendront de nouvelles qualités dans les relations avec des partenaires d'un type différent. Dans leurs relations, de nouvelles qualités d'interactions apparaîtront: la tolérance ou la qualité de l'enseignement, ou autre chose de nouveau par rapport à une personne qui ne veut pas vous obéir, vous obéir. Ils devront s'adapter à un type de personnage différent, peut-être sacrifier quelque chose pour un autre, certaines de leurs habitudes. Le développement consiste à trouver de plus en plus de nouvelles qualités dans les interactions avec les autres dans le but de maintenir l'unité de votre union conjugale avec l'un des partenaires les plus incroyables (dans différentes incarnations). Grâce à l'opposition et à la capacité de garder son partenaire dans une connexion unique avec soi-même, la puissance du potentiel de l'âme des deux grandit. Toute relation se réduit au développement et non à la vie tranquille des époux.

ANCIEN COMMANDEMENT A PROPOS DE PARTENAIRE UNIQUE POUR TOUTE LA VIE EST-IL CONSERVÉ?

Lecteur. En cas de rupture du mariage, le deuxième conjoint avec l'enfant a-t-il le droit de se remarier ?

Répondre. La douce moitié est toujours donnée à une personne une fois dans sa vie selon la loi de Dieu. Cela est dû à la préservation du code génétique du corps humain et au développement de leur union d'énergies pures.

Si un mariage se rompt par consentement mutuel, une violation de cette loi (sur le code génétique)* se produit toujours et, par conséquent, chacun acquiert son propre karma générique, mais le degré de son alourdissement dépendra du comportement de chaque époux dans la famille et de son comportement envers l'autre sexe en dehors de la famille.

Autrefois, pour la même raison, le divorce était généralement interdit. À qui le destin a donné en tant qu'époux (malade, boiteux, laid), une personne a dû endurer et vivre avec lui jusqu'à la fin, car cela élevait encore l'âme dans la patience et l'humilité, dans l'obéissance aux Supérieurs, ce qui n'est généralement pas observé chez l'humain moderne. Il faut apprendre à se pardonner et trouver des points de contact communs entre les intérêts des époux.

La famille a toujours quelque chose qui peut unir les gens (construire une maison, créer un confort familial, acheter des meubles, même cuisiner nécessite une participation mutuelle, car il est nécessaire de prendre en compte les goûts de chaque membre de la famille; élever des enfants, travailler dans un chalet d'été, voyages en commun ou randonnées en beaux endroits de la nature et bien plus encore). Tous ces points de contact communs aidaient autrefois à réunir des personnes aux intérêts divers et à rendre leur vie intéressante.

Une famille est une tentative des Supérieurs d'enseigner aux membres de la famille des relations élevées: le respect mutuel, pour apprendre à vivre et à obéir à quelqu'un non par peur de lui, mais par amour pour lui.

La famille doit transformer l'égoïsme de l'âme basse de l'ancien animal en âme noble d'une personne de grande taille qui ne vit pas pour lui-même, mais pour le bien de son prochain. **Et lorsque vivre au nom et pour le bien d'autrui deviendra le but de la vie, deviendra le sens du développement de l'âme, alors une personne se transformera en cet être élevé et noble, dont on peut dire fièrement: "C'est un homme d'une majuscule!"**

Par conséquent, toutes les relations entre mari et femme, entre parents et enfants, ainsi qu'entre toutes les générations qui forment une famille, devraient être fondées sur le respect et l'amour l'un pour l'autre. Combien il est important d'apprendre à faire quelque chose pour un autre, et au nom d'un autre, non seulement parce qu'il est un membre de votre famille, mais parce que vous les aimez et les respectez. Au fur et à mesure que la relation se développe, elle devrait s'étendre des membres de la famille à toutes les personnes autour. Ce sera déjà un Esprit exalté, et l'amour et le respect des autres doteront l'âme d'un pouvoir immense, d'une force indestructible et de nombreuses capacités étonnantes.

Donc, une famille est ce sol magique qui est capable d'élever un beau cygne d'un misérable "vilain petit canard" - un homme noble qui sera un jour appelé Dieu et lui permettra de créer ces mondes merveilleux dont il rêve maintenant de lui-même, souffrant et ne comprenant pas pourquoi mais il supporte un tel tourment et qui veulent-ils faire de lui, quelle Galatée ils veulent tailler dans la pierre lourde et rugueuse de la matière terrestre.

Le remariage n'est pas souhaitable, car le karma est toujours accumulé. Mais il arrive qu'une femme ne soit pas capable de vivre de manière indépendante pour diverses raisons, et en obtenant le soutien moral et matériel de son deuxième conjoint, elle commence à progresser de manière significative. Dans ce cas, elle prouve qu'elle est capable de s'améliorer avec un bon partenaire, et dans la prochaine vie, elle en reçoit un qui sera lui égal avec selon le Niveau et l'esprit. (Mais elle travaille toujours sur le karma avant cela).

JEUNES MARIES SE SONT DIVORCES. QUEL EST LE PROBLÈME

Lecteur. Si des jeunes époux qui vivent ensemble depuis environ 6-8 ans, se divorcent, le karma de leurs parents peut-il en être la raison?

Réponse. Plusieurs options sont possibles ici: il peut s'agir de karma générique; ou le mauvais choix de la personne elle-même, ou des deux (le mauvais choix de divorce de l'un des époux qui ne veut pas surmonter les difficultés de la vie quotidienne ou ses propres relations). Les deux époux sont obligés de travailler s'ils souhaitent garder la famille ensemble. Vous devez toujours vous battre pour votre famille. Pour ce faire, vous devez apprendre à vous adapter les uns aux autres, à combattre vos tentations et vos erreurs. Si l'un des époux succombe aux tentations du diable (trouve des maîtresses ou des amants, ou commence à boire, à consommer de la drogue, etc.), le deuxième conjoint doit rechercher des mesures d'influence positive sur lui. Peut-être peut-il être aidé par la société, qui a toujours plus d'opportunités pour cela. Et la société devrait aider les familles à maintenir le lien du mariage. Pour cela, l'impact psychologique de toute personne influente aura même un effet positif: un politicien, un artiste, un proche, un policier, etc.

FORMATION PRÉCONÇUE

Lecteur. J'ai étudié une fois dans une école soviétique. Et dans les classes élémentaires, comme je me souviens encore aujourd'hui, les garçons étaient assis avec les garçons et les filles - avec les filles. Parfois, pour un comportement de voyou dans la classe, l'enseignant de la classe pouvait transplanter un garçon à une fille en guise de punition. C'était déjà une punition. À quoi servait cette division?

Cela pourrait-il être dû à la réaction négative subconsciente des garçons portant une charge positive «yang» à la charge négative «yin» de la fille?

Réponse. Telles sont les conventions des préjugés de l'éducation humaine. En fait, les charges «yin» et «yang» sont attirées et ne peuvent exister l'une sans l'autre.

Au cours des différents siècles, différentes classes humaines ont mis au point des manières parentales pratiques pour leurs enfants. Mais bon nombre de ces règles étaient fausses et servaient à stratifier la société et à nourrir les inclinations égoïstes de l'individu. Au cours des siècles passés, lorsque la société était divisée en riches et pauvres, les parents étaient intéressés par une telle séparation afin de développer chez leurs enfants un sentiment d'auto-préservation (en particulier, préserver et augmenter leur richesse).

Quant à la manière dont les garçons et les filles se sentent séparés, cela ne renvoie pas aux sensations d'énergies différentes entre les sexes, mais à une mauvaise éducation. Quand tout ce qui n'est pas identique à une personne commence à être perçu par lui comme quelque chose d'étranger, porteur d'humiliation, de ridicule et de danger. Bref, tout cela est une mauvaise attitude psychologique, issue de l'ignorance humaine et de l'égoïsme.

De nombreux parents, pour avoir moins de problèmes à l'avenir, ont délibérément inculqué à leurs enfants des opinions préconçues déraisonnables sur le sexe opposé dès la petite enfance, ne voulant pas que leurs enfants associent leur sort aux pauvres. Et les enfants, quel que soit leur sexe, doivent toujours être amis les uns avec les autres, les forts et les anciens doivent protéger les plus jeunes et les faibles. Et l'essentiel est de leur apprendre à ne pas s'offenser avec un mot, un regard ou une action physique.

DÉFAUTS DE LA PÉDAGOGIE ET DE LA PSYCHOLOGIE.

RÉFORME ÉDUCATIVE POUR 6 RACE

Une lecteur était perplexe:

«Comment les enfants peuvent-ils être bien éduqués maintenant si la pédagogie est dépassée et la psychologie n'est pas suffisamment étudiée et applicable. Avec ce bagage, nous sommes arrivés à l'an 2000 ». Puis elle a dit:

Lecteur. Cela fait déjà 23 ans que je travaille dans un internat pour enfants ayant une déficience intellectuelle, et je connais bien les gars, en utilisant les connaissances données par vous et votre famille, pour lesquelles je m'incline devant vous et je suis infiniment reconnaissante. On a le sentiment que les âmes de ces enfants, et leurs familles, dont ils sont issus (pour la plupart), sont issus du monde animal et sont à un niveau social très bas. Ils sont difficiles à éduquer et en fait, apprennent peu.

Plus tard, quittant les murs de notre école, ils vivent principalement par instinct, alors je veux demander - pourquoi leur donne-t-on une telle vie?

Réponse. Je voudrais d'abord aborder le thème de l'éducation dans les écoles ordinaires, puis disons quelques mots sur les enfants ayant une déficience intellectuelle.

Maintenant, personne, à l'exception des parents individuels, ne s'occupe de l'éducation adéquate des enfants, et dans les écoles, on leur apprend ce qui ne leur sera jamais utile dans la vie, et ils présentent également les connaissances de telle manière que les élèves ne sont pas en mesure de les assimiler. Par conséquent, les enfants sont libérés dans la vie avec des informations inutiles qui ne trouvent pas d'application dans la vie réelle.

La surcharge des enfants dans les écoles, les écoles professionnelles et les universités ne permet pas à la jeune génération d'avoir des classes supplémentaires parallèles qui les développent de manière créative ou sportive. Seuls les plus talentueux peuvent participer après les cours principaux, leurs cercles et sections préférés. Les devoirs colossaux obligent les enfants à se coucher tard avec eux. Il semble à l'enseignant que plus il en demande à la maison, mieux l'enfant apprendra la matière, comme on dit «pratiquement». Et si les enfants ne comprennent pas au départ un sujet de l'explication de l'enseignant, alors ils ont encore moins de chances de le comprendre par eux-mêmes. Par conséquent, moins l'enseignant est professionnel, plus ses devoirs sont étendus. La qualité de l'éducation est totalement absente.

Tout cela parce que chaque enfant a besoin d'une approche personnelle. La pédagogie doit nécessairement prendre en compte le niveau de développement de chaque enfant et aborder sa progression individuellement, mais toujours de manière à contribuer à élever son âme à un Niveau supérieur. **Ce n'est qu'avec l'avènement d'un nouveau système de formation personnelle**, où des méthodes de test spéciales révéleront le pourcentage de prédisposition de chacun à la capacité de maîtriser le matériel pédagogique, que **tous les enfants auront la possibilité d'être un excellent élève à leur Niveau d'éducation.**

Un tel système d'apprentissage individuel devrait comprendre des niveaux spécifiques qui répartissent les élèves en groupes séparés en fonction de leur capacité à assimiler les connaissances scolaires. Chacun de ces groupes comprendra des enfants de partout dans l'école, quel que soit leur âge. Autrement dit, dans le premier groupe en mathématiques, il y aura des enfants concentrés capables de maîtriser un niveau de charge mathématique - le plus facile. Ceux qui sont capables de plus seront affectés à un autre groupe, où la charge est plus difficile. Le prochain groupe contiendra des enfants avec un degré encore plus élevé d'assimilation de ce sujet, etc. Il peut y avoir autant de groupes de ce type pour l'étude d'un sujet, que de nombreux enfants se rassembleront au niveau de dispersion pour son étude. De plus, les enfants qui réussissent sont toujours transférés immédiatement dans le groupe suivant en fonction de la complexité donnée du sujet, sans attendre la fin de l'année scolaire. Par conséquent, par exemple, un enfant moderne de 5e année peut étudier dans le deuxième groupe de mathématiques en difficulté moyenne, ainsi que dans le septième groupe le plus performant en russe et dans le tout premier groupe léger en physique, etc. Et dans tous, il sera un excellent élève (et c'est un facteur très stimulant), car sa réussite le transférera automatiquement dans le groupe correspondant à sa performance académique.

Un tel système de distribution selon les capacités individuelles vient du Niveau de l'âme de l'enfant, et plus il est élevé sur le plan spirituel, plus son âme est capable et plus vite il peut comprendre toute connaissance. Mais pour que cette connaissance soit pleinement comprise et transférée dans les qualités permanentes de la matrice de l'âme, il doit y avoir un système d'approche individuelle pour chaque étudiant.

Maintenant, par exemple, parmi les élèves du niveau moyen, la plupart des informations disparaissent tout simplement immédiatement, n'atteignant même pas la base de la conscience. Cela signifie que beaucoup de temps précieux est gaspillé dans les établissements d'enseignement en vain, ce qui ne devrait pas l'être.

Étant donné que le nouveau système d'éducation individualisée nécessitera également l'augmentation maximale du personnel enseignant, car un enseignant du groupe n'aura pas le temps de raconter le matériel aux enfants apprenant à des vitesses différentes, ce qui entraînera le remplacement des enseignants par des images holographiques contrôlées par robotique. Pour chaque matière de l'école, vous n'aurez besoin que d'un coordinateur qui contrôle la partie technique des processus d'apprentissage de tous les groupes dans une discipline particulière. Par conséquent, chaque enfant aura un programme d'apprentissage personnel avec sa propre vitesse d'apprentissage.

En outre, avec un tel nouveau système, toute possibilité de soi-disant intimidation des adolescents qui existe actuellement dans les salles de classe sera exclue. Les enfants auront la possibilité d'étudier en même temps avec tout le personnel de l'école et ne pourront plus choisir eux-mêmes les «corbeaux blancs» pour la pourriture, inhérente aux salles de classe existantes de longue date. Le roulement constant des élèves en groupes, dû à l'assimilation rapide de la matière d'enseignement, privera les enfants de cette opportunité. Ils n'auront tout simplement pas le temps de se déranger et ne pourront donc pas former leur haine envers qui que ce soit. De plus, les élèves les plus âgés de chaque groupe, au contraire, éveilleront une sorte de tutelle sur son personnel plus jeune, dont la qualité ne se manifeste désormais qu'à l'âge adulte par rapport aux enfants et aux animaux. Or, cela n'est pas observé dans les écoles, car les classes isolent initialement les enfants pendant une décennie, ce qui entrave le processus naturel de connaissance et de communication inter-âges.

Tant qu'un tel système nouveau et amélioré n'existera pas, l'enseignement scolaire restera longtemps au même niveau et avec la même forme de personnel enseignant. Mais dans cette période de transition de l'ancien système éducatif obsolète à sa nouvelle forme radicalement modifiée, je voudrais vous conseiller ce qui suit. Étant donné que les enseignants devront mener des cours pendant longtemps seuls, pour ainsi dire, de manière naturelle, jusqu'à ce qu'ils soient complètement remplacés par des images holographiques, la première chose à faire ici est de travailler sur l'aspect psychologique des entretiens avec les enfants en classe.

La base psychologique pour tester les étudiants pour l'assimilation du matériel devrait consister en une telle enquête, qui ne sera la cause d'aucun type de traumatisme psychologique chez l'enfant, entraînant des formes graves de formation de toutes sortes de conséquences sous la forme de divers complexes. Après tout, tous les enfants ne peuvent pas répondre librement sans crainte à toute la classe. **Chaque enfant doit parvenir indépendamment à une forme orale de la réponse**, et l'enseignant doit y contribuer - intéresser l'élève à l'information sur son sujet de manière à ce que l'enfant lui-même manifeste le désir de répondre oralement. En aucun cas vous ne devez insister là-dessus, il vous suffit d'être patient et d'attendre que l'étudiant soit mûr pour un tel discours public. Et avant cela, l'enseignant devra maintenir avec lui une enquête écrite (ou personnelle, en face à face, si l'élève est d'accord). Tout enfant voudra certainement démontrer ses connaissances, quand il les comprendra suffisamment et les maîtrisera parfaitement. Ensuite, il s'efforcera lui-même de le montrer en public. La forme orale de l'enquête ne doit être réalisée qu'à la demande de l'étudiant, et à un stade de développement plus avancé, cette prise de parole en public sera impliquée dans des groupes qui coïncident approximativement avec la vitesse du matériel assimilé.

Maintenant, dans les écoles, il existe un système d'interrogation obligatoire incorrect. Si l'élève connaît la réponse, c'est bien. Si vous n'avez pas appris quelque chose, vous devez quand même répondre devant tout le monde et vous déshonorer en évacuant des miettes de matériel compris. C'est là que la haine est née. L'élève décourage ainsi tout désir d'apprendre, et en conséquence il développe la haine pour l'enseignant et ceux qui se moquaient de lui. De plus, devant d'autres étudiants, les lacunes de l'enfant disgracié, ses faiblesses, sont exposées publiquement devant d'autres étudiants, pour lesquels toutes sortes d'adolescents insouciants s'accrochent par la suite, le transformant en paria. Et de la honte publique naissent toutes sortes de complexes permanents.

Ce n'est pas ainsi qu'un enseignant devrait se comporter, et c'est sa honte, pas l'enfant. L'ignorance du sujet par l'élève incombe entièrement à l'enseignant, qui n'a pas été en mesure d'inculquer à l'élève un intérêt pour la matière étudiée et a été incapable de transmettre les connaissances requises à la base de la conscience de l'enfant. Ainsi l'école libère des paralysés psychologiques dans la société, la rendant imparfaite et démunie, avec toutes les conséquences qui en découlent.

Les psychologues qui sont dans les écoles et les internats sont beaucoup plus élevés que les enseignants, car la pédagogie est récemment devenue obsolète et nécessite une révision de ses propositions théoriques basées sur l'utilisation de nos nouvelles connaissances. La pédagogie devrait inclure la connaissance de la présence dans notre monde de personnes positives et négatives appartenant à des systèmes d'opposition. Par conséquent, les méthodes de leur éducation devraient être différentes.

La psychologie à cet égard fait plus de progrès, mais elle en est encore à ses balbutiements et nécessite des développements progressifs.

Mais, revenant à la question du lecteur, attirons votre attention sur le fait que les enfants sous-développés doivent être divisés en deux types: karmiques, travaillant sur les dettes passées, et les âmes qui viennent récemment du monde animal. Les premiers devraient être aidés à élaborer leur karma, et les seconds devraient apprendre des concepts simples de tous les jours, en leur présentant le mode d'existence humain et la présence de diverses interdictions, c'est-à-dire qu'ils doivent être expliqués, comme l'a dit Mayakovsky: «Ce qui est bon et ce qui est mauvais». Plus important encore, les deux groupes doivent apprendre à faire la distinction entre le bien et le mal, il est nécessaire d'enseigner toute la gentillesse et de s'aider soi-même et les autres.

Ces enfants n'ont pas besoin de connaissances élevées, il faut leur apprendre à vivre une vie humaine simple: cuisiner la bonne nourriture pour eux-mêmes, apprendre au moins les compétences de base en couture, prendre soin de leur apparence, se traiter eux-mêmes et leurs futurs enfants, leur apprendre à nettoyer l'appartement et à créer du confort. Apprendre à ne pas croire la première personne qui se met en travers de son chemin, mais à essayer de savoir s'il s'agit d'un bien ou d'une fraude. Ces connaissances devraient être complètement différentes de celles acquises dans un lycée ordinaire, bien que de telles compétences ne nuiraient à aucune école. Et si un enfant quitte le pensionnat et ne peut pas cuisiner de soupe ou de bouillie pour lui-même, faire frire des pommes de terre, laver le linge, alors le temps passé au pensionnat est irrémédiablement perdu. De même, les enfants qui quittent les orphelinats sont impuissants, ils ne savent pas comment communiquer avec les autres et il faut aussi leur apprendre ceci:

apprenez-leur quels mots utiliser pour aborder une autre personne, de quoi vous pouvez parler avec lui, de quel sujet. Il est important d'apprendre à un enfant à communiquer avec le monde, qu'il ne connaît pas et dans lequel il est sans défense, à apprendre à l'enfant où aller, à quelles autorités au cas où il aurait besoin de protection ou d'aide. Et de tels organismes de tutelle et d'assistance devraient exister pour les adolescents jusqu'à l'âge de 25 ans.

Il est utile de leur apprendre à vivre à la campagne et à faire leur propre agriculture et, le cas échéant, à cultiver.

La campagne offre à une personne la possibilité de survivre, de se battre pour son existence, de cultiver seule des légumes et des fruits, d'élever des poulets, des lapins, des porcs, des vaches, des moutons, des chèvres. Apprenez à en prendre soin et à les mettre en œuvre en louant de l'argent aux entreprises. Il peut y avoir des villages entiers où les jeunes seront encadrés pour s'engager dans l'agriculture et l'élevage. Il peut s'agir de colonies de travailleurs libres.

Chacun est libre de décider où il est préférable pour lui de vivre: dans une telle communauté, avec les siens, ou d'aller en ville et d'essayer de s'habituer à l'environnement urbain qui s'y trouve. Aujourd'hui, il y a de nombreux cas où les enfants d'un orphelinat se sont tout simplement transformés immédiatement en vagabonds, pendant longtemps ils n'ont pas pu s'habituer à l'environnement urbain, où ils n'étaient d'aucune utilité pour personne. Et ce n'est pas à cause des administrateurs frauduleux qui ne leur ont pas fourni d'appartements à l'âge de 18 ans (ce sont d'autres cas), mais à cause de leur propre incapacité à vivre et à naviguer correctement dans la vie. Une fille, en raison d'une telle incapacité à vivre de manière indépendante dans la ville, s'est retrouvée dans un hôpital psychiatrique de désespoir. Certains types prennent la large route et font le commerce du vol, parce qu'ils ne savent pas comment travailler et que personne ne veut leur apprendre cela. Tout le monde a besoin de spécialistes prêts à l'emploi ayant une expérience de la production et eux-mêmes ne veulent pas consacrer du temps à leur formation. En conséquence, la société est appauvrie moralement et intellectuellement.

Et en conclusion, nous ajoutons: "Une personne doit être enseignée toute sa vie, alors seulement elle apprendra des miettes de connaissances et maîtrisera fermement une sorte de compétence." Comme l'a dit à juste titre le grand Lénine: une personne a besoin "d'étudier, d'étudier et d'étudier à nouveau!", Quel que soit son niveau de développement.

CHAPITRE 2
FAMILLE.
RELATIONS ENTRE HOMMES ET FEMMES DU POINT DE VUE DE L'ÉNERGIE ET DU KARMA

SUR QUOI L'ÉTERNITÉ EST-ELLE BASÉE

Un homme rêve constamment d'immortalité et son âme est déchirée dans l'éternité. Il semblerait que ce soit une chimère. Mais la Nouvelle Connaissance donne à l'humanité un grand espoir - devenir éternelle, comme beaucoup dans l'Univers. De nouvelles informations indiquent même comment cela peut être réalisé, il est seulement important de les étudier attentivement.

L'éternité ne peut s'accrocher à des violations constantes des lois de son existence. L'éternité est la plus stricte observance des lois de la vie. Et toutes les violations, quelle que soit la manière dont elles se manifestent, conduisent finalement à la destruction du monde lui-même, à l'épuisement des énergoressources en tant que sources de survie, au triomphe du chaos. Autrement dit, il faut être capable de voir en bagatelles les raisons qui peuvent donner lieu à la mort de tous les êtres vivants dans l'Univers.

Tout développement dans son essence se transforme en une fonction d'accomplissement précis et inébranlable par une forme vivante de certaines lois de son existence dans le respect constant des lois générales du fonctionnement de l'Univers. Pour le dire simplement, cela ressemble à ceci: tout en observant précisément les lois et les principes de l'existence personnelle, veillez en même temps à la mise en œuvre exacte des lois du monde extérieur, qui répond à vos besoins privés.

Chaque forme vivante dans l'immense Univers est strictement dotée de ses fonctions individuelles de vie, qui servent simultanément de fonctions à un cosmo-organisme plus vaste, c'est-à-dire d'assurer son existence, la forme recrée en même temps le fonctionnement normal de cet objet mondial, dont le rôle lui est assigné. De même, dans le corps humain, l'estomac, le cœur, les reins, le foie, les intestins, les poumons, fonctionnant selon un certain mode, se développent dans le but qui leur est assigné pour le corps humain. Et ces fonctions doivent être exécutées avec précision et tout travail doit être ininterrompu, sinon une personne comprend déjà bien que toute défaillance de l'un de ses organes entraîne des tourments dans la vie et le danger d'en abandonner (à la mort).

Dans l'Univers, tout repose sur des règles et des lois de fonctionnement plus strictes afin de supporter non pas une courte vie, mais le flux éternel de processus et toutes sortes de réactions. C'est l'éternité qui présente l'austérité et l'exactitude des formes de vie. Par conséquent, toutes les constructions que la forme fait dans son âme doivent être précises et sans faille.

Et l'être, développé pour la forme de vie, est construit de telle manière que cette forme, à travers les situations de son être, accumule dans sa matrice ces énergies, sur la base desquelles la matrice des Lois pourrait construire sous cette forme les fonctions qui sont alors requises par le grand Cosmorganisme de notre Univers.

Toutes les exigences qui sont faites par les Supérieurs* aux gens sont basées sur le besoin de créer des processus et des fonctions solides et éternels chez une personne. Par conséquent, en créant des scénarios pour la vie des formes, les enseignants célestes s'assurent qu'ils passent avec précision les événements de leur vie. Et l'impeccabilité de l'exécution d'actions dans des situations conduit à des constructions correctes au sein des cellules de leur matrice de qualités diverses, qui, ensemble, créeront pour une personne la fonction qui lui est demandée dans le travail d'un maxi-organisme général.

Par conséquent, toutes les règles familiales et les normes de la vie des gens ne sont pas une invention spontanée des Substances Supérieures, leurs caprices. Tout cela est fait dans le but de rendre une personne éternelle, comme Eux-mêmes. Si une personne ne comprend toujours pas grand-chose, nous lui conseillons de faire confiance à ceux qui tentent de lui ouvrir la voie à l'immortalité. Essayez de satisfaire Leurs exigences, aspirez à la perfection et, un jour, sans aucun élixir de jeunesse, vous deviendrez éternel, beau, fort et sans âge.

Par conséquent, les règles de la vie de famille, bien qu'à première vue semblent étranges et incompréhensibles, ne sont pas tirées par les cheveux, mais calculées à partir de la nécessité pour chaque personne de développer certains types d'énergies pour construire dans son âme des qualités qui correspondent aux besoins de l'éternité.

DIVORCES ET TRAHISONS

Quand les gens se dispersent, qui est à blâmer et leur karma est-il le même?

Récemment, le divorce a été résolu afin de tester l'essence intérieure d'une personne, la qualité de son dévouement. Ici, dans l'âme de nombreuses personnes, de grands défauts et une incompréhension des subtilités de leur comportement ont été révélés, alors un lecteur a posé la question suivante: «Veuillez énumérer ce qui est permis pendant un divorce et qu'est-ce qui développe des dépendances karmiques? Je n'aimerais pas non plus accumuler d'énergodettes dans ce processus. "

Réponse. Le divorce s'accompagne de nombreuses subtilités qui surgissent dans la relation entre les hommes et les femmes. Nous essaierons d'en identifier certains et de signaler l'apparition d'entraînements karmiques.

Ces dernières années, plus précisément, à la fin du XXe siècle, le divorce est en effet devenu fréquent. Cela a été facilité par la liberté accordée aux gens. La raison des violations des relations familiales normales est toujours importante, comme toute raison pour clarifier, par exemple, devant un tribunal - qui est à blâmer et quoi.

Les motifs des crimes et des troubles du comportement sont toujours très importants, voire primordiaux, car les raisons mûrissent à l'intérieur, secrètement et apparaissent soudainement. Et ce sont précisément les causes et les motifs internes des erreurs et des crimes qui doivent être éliminés. De même, les raisons pour lesquelles un conjoint détruit toute sa famille sont également importantes.

Pour les juges terrestres, des raisons telles que l'ivresse, la toxicomanie de l'un des époux et la dissemblance des caractères sont considérées comme suffisantes pour le divorce. Bien qu'il existe de nombreuses caractéristiques du comportement qui se cachent ici, ce qui pour certains est karmique. Par exemple, si une conjointe quitte son mari alcoolique ou toxicomane sans même essayer de le diriger sur la bonne voie, alors elle acquiert du karma. (Cela s'applique également à l'homme.)

Les raisons du divorce à la fin de la cinquième race étaient l'affaiblissement du pouvoir législatif de la société, le manque de condamnation par la société des mauvaises actions, des actions humaines; en un mot - permissivité et impunité; faites ce que vous voulez, faites tout ce qui vous vient à l'esprit, ne présentez aucune revendication à la strate dirigeante de la société.

Les raisons permettant aux époux de divorcer du point de vue des juges de paix ont commencé à inclure: la détresse matérielle dans la famille, c'est-à-dire l'incapacité de l'un des époux de fournir aux membres de sa famille tout ce qui est nécessaire à une vie normale, au plein épanouissement. Et cela, à son tour, a été facilité par le manque d'emplois dans la société, la destruction de l'industrie, de la production, de l'agriculture. Mais la reconnaissance de telles raisons est la décision de la société moderne.

Quant aux Supérieurs, ils ne permettent à un couple de divorcer que dans les cas suivants:

1. Le départ d'un conjoint de la famille.

2. La trahison d'un des conjoints.

Après le décès de l'un des époux, il est permis d'avoir un nouveau conjoint.

Rien d'autre n'est accepté par les Supérieurs. Un changement de conjoint n'est autorisé que dans des cas exceptionnels, qui doivent généralement être considérés séparément dans chaque cas, car la situation de vie de toute personne vit avec la couleur de sa personnalité de nature.

À l'avenir, cette question sera sérieusement étudiée. Peut-être que le nombre de raisons de la race 6 changera, ou des raisons plutôt élevées excluront les raisons faibles, car ils accepteront généralement le sacrifice au nom d'objectifs plus élevés, car certains individus aiment parfois tellement leur travail qu'ils sont prêts à s'y consacrer complètement, ainsi que la famille. cesse d'exister pour eux. (Par exemple, les médecins, les scientifiques individuels, les inventeurs, les militaires, les voyageurs, etc.) Pour cette raison, les conjoints peuvent également avoir des désaccords dans la famille qui nécessitent une correction de leur relation.

Mais pour la 5ème race, la base matérielle de l'existence a commencé à être pervertie, dont la propagande a été imposée par les films correspondants sur les écrans de télévision. Les filles ont appris qu'elles peuvent être très heureuses si elles trouvent de manière inattendue un «prince sur un cheval blanc» parmi les riches entrepreneurs, les magnats et divers types de gens d'affaires. Bien que cela n'ait apporté le bonheur à personne d'autre, car un tel contingent de personnes ne comprend pas le véritable amour et n'est pas capable d'observer la fidélité dans les relations. Mais, néanmoins, il y a de plus en plus de gens qui veulent entrer dans la société laïque.

Pour cette raison, les filles se sont lancées dans la recherche et la poursuite d'hommes riches, déjà établis, ignorant leurs pairs pauvres, abaissant leur statut, pourrait-on dire, à zéro. À la poursuite de la richesse, les jeunes se sont tournés vers la délinquance, gagnant du karma pour eux-mêmes et les forçant à l'acquérir, elle et leurs élus, qui ont été contraints d'abandonner leurs femmes, leurs enfants et de commettre d'autres crimes. Autrement dit, dans ces couches, non seulement une poursuite intense des riches a commencé, mais aussi une accumulation intensifiée de conséquences karmiques de divers types.

Les perversions dans cette catégorie sont de 90%. Mais il faut rappeler séparément les perversions de l'âge.

Les Supérieurs construisent des familles de telle sorte qu'une génération crée des familles, s'unissant par mariage avec leurs pairs. La différence d'âge entre les partenaires ne doit pas dépasser 10 ans. Un tel intervalle a été calculé par Eux en tenant compte des structures internes des matrices de leur âme. Les plus élevés ont atteint l'identité des énergies et le renforcement des connexions entre elles lors de la construction de la matrice de l'âme dans les cellules.

Tous les calculs de la force des articulations étaient basés sur l'orientation vers la création de processus éternels, des qualités éternelles dans l'âme. Et la force ne peut être fournie qu'avec certaines connexions de niveau. L'énergie de la génération précédente ne peut pas être fermement liée à l'énergie de la jeune génération, et plus encore si plus d'une génération a changé, mais 2-3 (si la différence entre les époux est de plus de 30 ans). Mais de nombreuses personnes âgées se vantent d'avoir trouvé un conjoint de 20 à 30 ans plus jeune qu'eux. Ils en sont fiers, bien que de telles situations révèlent simplement chez une personne le degré de sa dépravation, de son immoralité. Ils violent la hiérarchie des structures dans leur matrice, qui après la mort les menace d'un grand nettoyage des cellules de la matrice. Et ce processus est particulièrement douloureux pour l'âme.

Autrement dit, ces personnes se condamnent à la douleur et à la souffrance après la mort. Mais effacer les cellules de la matrice les attend au mieux. Si le degré de péché dépasse un certain pourcentage, qui est déterminé spécifiquement par les Juges Suprêmes, alors l'âme peut être envoyée pour le décodage*.

La troisième option est également possible: en raison de la liberté de choix et de l'abus des avantages de la vie, des violations des normes morales, une personne commencera automatiquement à tomber dans les couches inférieures de l'enfer. Il descendra à ce Niveau (le monde de l'Enfer)*, qui correspond à l'ampleur du potentiel d'énergie négative de son âme. Ici, il s'arrêtera, il sera immédiatement repris par les ouvriers de l'Enfer et établira quelles mesures de punition doivent être appliquées à l'âme, afin que, éprouvant la souffrance et le tourment, elle soit nettoyée des énergies sales accumulées.

Au fur et à mesure que les énergies lourdes sont éliminées, l'énergopotentiel positive commencera à augmenter, l'âme acquerra un poids plus léger et commencera à s'élever vers les couches supérieures de l'enfer. S'efforçant vers le haut, il peut passer par plusieurs mondes de nettoyage, et dans chacun d'eux, il sera nettoyé par ses propres méthodes douloureuses et désagréables. Mais toutes les méthodes de purification sont conçues pour se débarrasser des énergies de péchés spécifiques. Il est impossible de se débarrasser des énergies des différents types de péchés par la punition seule, par exemple, des péchés d'abus de fonction, de gourmandise, d'ivresse, de débauche, de violations des lois morales et autres du monde terrestre.

En vivant dans l'environnement humain par de telles actions, ils ont détruit en eux-mêmes toutes les constructions énergétiques passées, qu'ils ont produites qualitativement dans les incarnations passées. La méconnaissance de ses actions, l'ignorance conduit à la dégradation de la personnalité et à la destruction de soi-même.

Au début du 21e siècle, une recherche féroce de jeunes partenaires a commencé: toutes les filles ont commencé à manquer de «prétendants» jeunes et riches, alors elles (filles)* ont commencé à chasser les personnes âgées et âgées, mais riches, ayant les plans les plus égoïstes et les plus ambitieux ...

Autrement dit, ils ont déjà commencé à planifier qu'avec des partenaires d'âge de 20 à 30 ans et plus âgés qu'eux, ils ne souffriront pas longtemps en couple, car leur fin est proche, la mort est sur le point de les appeler dans un autre monde. Et puis ils hériteront de leur fortune en tout ou en partie et deviendront riches et libres à vie, après quoi ils trouveront de jeunes et beaux partenaires pour eux-mêmes. C'est, ici, déjà à la poursuite d'une vie belle et heureuse, l'intérêt personnel noir, un désir secret pour la mort rapide de son partenaire, est mélangé.

Et si la mort "la plus rapide" ne fonctionne pas, alors certains vont à son approximation artificielle, en utilisant une variété de méthodes, allant de l'élimination physique violente d'une personne à son empoisonnement lent avec des médicaments ou d'autres drogues. La mode pour la poursuite des personnes riches d'un âge avancé a été rapidement adoptée par les jeunes hommes, commençant à chasser des femmes plus âgées et même manifestement âgées, mais très riches. Parfois, ils ne poursuivaient pas de valeurs matérielles sous forme de propriété, mais étaient vendus pour des postes élevés et d'autres objectifs dont ils avaient besoin: étudier dans un institut, obtenir un diplôme, etc.

Tout cela a provoqué une forte baisse du statut de la famille. Les gens adorent imiter les uns les autres et, par conséquent, la vague de procédures de divorce a capturé toute la société, passant à ses couches les plus basses, qui ont également commencé à avoir soif de partenaires plus jeunes juste pour, comme on dit, l'intérêt sportif. Si les riches peuvent, alors les pauvres veulent aussi essayer, et au milieu d'eux tout cela continue à se multiplier et à prendre les mêmes formes laides.

En conséquence, tout cela conduit à l'effondrement de la famille et à une rupture complète des relations énergétiques au sein de la société. Et cela se reflète déjà chez les enfants, les jeunes âmes. Ils ne peuvent pas se former sur les fondations énergétiques naturelles que crée la famille et sont obligés de rechercher des énergies supplémentaires dans l'ordinateur, sur Internet, en acquérant des matériaux qui décomposent leur âme, en essayant de créer d'eux-mêmes le monde tout-puissant de ce monde à partir de films d'action, de films d'horreur, de divers jeux informatiques cruels. ... En conséquence, de plus en plus de monstres moraux et moraux grandissent, prenant les armes et tirant impitoyablement sur tout le monde sur leur passage, détruisant des gens et ne poursuivant aucun objectif ambitieux, comme "protéger la patrie et ses proches" des ennemis, "libérer les otages" des terroristes, spectacles pour l'honneur et la dignité d'une famille ou d'un être cher en particulier.

Mais il y a des exceptions et des indulgences dans toutes les règles. Par conséquent, par exemple, si l'un des époux «marche», l'autre a le droit de se séparer de lui sans gagner de karma pour lui-même. Une attitude grossière et irrespectueuse d'un mari envers sa femme, ou vice versa, permet également à la victime de quitter le conjoint avec des conséquences karmiques minimes.

Et pour ceux qui violent les lois et les normes de la morale pour le plaisir de leur caprice, pour le plaisir de l'âme et le renouvellement des sentiments, les lois continuent à opérer, collectant de lourdes conséquences karmiques. Tout est enregistré avec précision sur la bande de leur vie, de sorte qu'alors à la Haute Cour toutes leurs actions, leurs actes puissent être analysés et qu'un verdict digne des actions de chacun soit rendu. Aucune des personnes n'a le pouvoir de modifier les images déjà enregistrées sur la bande de leur vie, et aucun des juges ne demandera à l'accusé de se justifier ou invitera un avocat à la Cour, puisque la Cour Suprême se déroule sans avocat. Ce n'est qu'au Jugement dernier que la mission légale peut être accomplie par les Messagers. Le jugement est effectué non seulement en fonction des actions d'une personne, mais les pensées de chacun sont également vérifiées. Il y a des gens qui pensent une chose et font quelque chose de complètement différent. Chez certains individus, dans leurs actions, il est possible de ne rien trouver de répréhensible ni de ne pas être trouvé, car par peur de se rendre dans des endroits pas si éloignés, ces personnes essaient de ne pas se démarquer de la foule et de ne pas commettre d'actions illégales. Mais leurs pensées peuvent contenir des images si viles et effrayantes qui, tôt ou tard, mèneront certainement l'âme à leur réalisation. Par conséquent, le contrôle est également nécessaire sur la formation des pensées. Il existe également du karma pour les formes de pensée éduquées. Et cela se déroule principalement lors de la prochaine incarnation, et en partie au Purgatoire.

Ainsi, tous ceux qui se vantent de jeunes époux ou de riches maris et femmes sont sous la menace non seulement du travail karmique, mais aussi de la menace d'abandonner le cercle de la vie, car ils deviennent tellement empêtrés dans leurs relations qu'ils se transforment en personnes séniles qui ne sont pas capables de penser et de comprendre que tombe dans le piège du Diable et entre dans ses griffes.

Mais pendant qu'une personne est dans le monde terrestre, elle a la possibilité de comprendre et de réaliser la mesure de ses propres illusions, de comprendre le degré et la profondeur de sa chute et de s'arrêter dans le temps, de revenir au point de retour et de commencer d'abord sa propre purification, puis la restauration de lui-même par les actions naturelles correctes. Cela permettra déjà aux Juges Suprêmes de donner aux âmes perdues une autre chance de correction.

Ils veulent toujours voir de la part de l'accusé non pas la peur du châtiment, mais une compréhension sincère de la Chute commise, du repentir et de la soif de correction. Ils vont certainement rencontrer de telles âmes, il n'y a donc pas besoin d'avoir peur de demander en larmes - pour vous donner une autre occasion de vous améliorer. Après tout, la vie en vaut la peine.

Il est très difficile pour les Supérieurs de cultiver les âmes, c'est un processus extrêmement long, c'est pourquoi Eux-mêmes essaient de trouver tous ceux qui veulent s'améliorer, traverser à nouveau des difficultés et rester avec Eux.

Mais revenons sur un autre point: qui des conjoints de la famille est à blâmer et dans quel cas, qui devra travailler sur le karma, et qui, peut-être, non.

Par exemple, un mari au travail trouve une femme célibataire qui commence à s'imposer à lui. Au début, il s'oppose à elle, mais elle s'impose de plus en plus sournoisement à lui, lui tendant tous ses propres pièges, et un jour il arrive à la conclusion qu'il est plus intéressant pour lui de communiquer avec elle qu'avec sa femme. En conséquence, la famille se sépare et un mariage civil est créé. Mais cela ne dure pas longtemps et, après un certain temps, se désintègre. Cependant, le karma s'est déjà accumulé. Qui est à blâmer et qu'arrive-t-il au karma?

La femme-tentatrice vient clairement d'un Système négatif: son objectif n'est pas tant de trouver son amour, son soutien dans la vie, ou même de devenir riche, mais de briser une famille, de forcer une personne à travailler sur le karma dans la prochaine vie. Et comme la mémoire d'une personne est bloquée en même temps, elle ne comprend pas qu'elle travaille sur le karma et peut en outre faire plusieurs autres erreurs. Pour cela, il est à nouveau envoyé pour travailler sur le karma.

De tels entraînements obligent son âme à s'attarder plus souvent dans le temps dans le cycle des réincarnations, dans lequel il accumule de plus en plus d'énergodettes. Pendant ce temps, le Jugement dernier approche, les principaux examens pour les âmes de la cinquième race. Ce sont des examens qui transfèrent les âmes à un Niveau de développement supérieur dans un monde meilleur et plus élevé. Et il peut arriver que les Supérieurs voient que le nombre d'erreurs chez une personne augmente, que les passifs énergétiques augmentent et qu'il n'aura pas le temps de les résoudre. Par conséquent, leur peine peut être sévère. Les Juges Suprêmes doivent laisser l'individu au même Niveau de développement, puisqu'ils arrivent à la conclusion que cette âme n'est pas prometteuse et doit être améliorée. En conséquence, cette âme peut rester dans le monde inférieur pendant encore un ou deux mille ans. Et pendant ce temps, il peut à nouveau pécher, de sorte qu'à la fin, cela conduira au décodage.

Ce n'est pas en vain que les Supérieurs ont donné à l'humanité une Nouvelle Connaissance, qui permet à chaque individu pensant de découvrir même avant le Jugement Dernier la présence d'erreurs, de mauvaises actions et de tout mettre en œuvre pour les réaliser vraiment au plus profond de l'âme et les corriger dans le temps.

Le but d'avoir de Nouvelles Connaissances est de l'étudier afin de comprendre le caractère incorrect de vos actions et de commencer à les corriger.

Il ne faut pas oublier qu'il n'y a peut-être pas assez de temps pour les corrections. Tout doit être fait à temps.

QUESTIONS BASSES AFFECTANT LES RELATIONS DES SEXES

Le sujet des relations entre les sexes est très bas et nous avons toujours hésité à répondre à de telles questions auparavant. Mais malgré cela, de plus en plus de questions se sont posées, et nous avons senti que les gens ne comprennent pas dans la situation actuelle du développement des relations dans la société moderne, comment agir dans un cas ou un autre, dans quelle direction aller, améliorer les relations de genre. Et pour eux, il est très important de connaître le sens de cette évolution, surtout à la fin de la cinquième race avant le prochain Jugement Dernier. Beaucoup aimeraient réduire le nombre de leurs erreurs et ne pas s'épuiser de honte devant les Juges Suprêmes lorsqu'ils regardent des images de leur vie à la Cour. Ils veulent être justes, mais ils ne peuvent pas comprendre comment se comporter lorsque les désirs s'envolent simplement de leur enveloppe pécheresse comme des feux d'artifice.

Dans quelle direction orienter vos envies, où aller dans vos sentiments et vos actions, et comment agir en général dans la vie? Comment vivre à une époque d'immoralité, quand la télévision, les théâtres, la fiction la produisent (l'immoralité)*, non pas apaisant les pulsions corporelles, mais allumant des passions sales, séduisant les innocents avec de doux péchés. Et les dix commandements pour une personne moderne avec sa vie difficile et son énorme activité ne suffisent plus pour la justice. Plusieurs sont simplement confus.

À la suite de nombreuses questions, nous avons dû réfléchir à certaines d'entre elles et voir qu'à cet égard, les jeunes âmes ont une feuille de papier vierge, à partir de laquelle chacun lit ce qu'il veut, mais pas ce qui devrait réellement l'être.

En conséquence, nous sommes arrivés à la conclusion: si les gens posent constamment de telles questions, cela signifie qu'ils sont très inquiets à leur sujet et qu'ils ont besoin de connaissances pertinentes. Par conséquent, peu importe comment vous abordez ce sujet, peu importe comment vous évitez de telles questions, les réponses doivent être données, même si ce n'est que pour le moment et provisoirement, afin de diriger la pensée d'une personne au moins du côté oppositionnel du péché, pour lui donner la possibilité de choisir et de réfléchir par elle-même. excite et séduit.

Dans les temps anciens, cependant, il existait une culture simple de l'interaction entre les hommes et les femmes, et les gens qui se mariaient y étaient introduits. Désormais, tout est subordonné à la volonté d'Internet, où l'on peut trouver beaucoup, mais pas les vraies règles de la relation de ces couples qui souhaitent maintenir l'état de leur amour jusqu'aux derniers jours de leur vie et rester purs à cet égard. Mais au lieu de conseils et de soutien aux attitudes personnelles, beaucoup, au contraire, trouvent des tentations et des exemples de mauvais comportements sur Internet.

Bien que la cinquième race ait été développée sous une forme plutôt progressive, beaucoup de choses ont été laissées sans surveillance, et les gens ne comprennent toujours pas les choses élémentaires en relation avec les sexes, bien que les règles et les lois de la coexistence leur aient été données dès le début, du moins dans les Commandements de Dieu.

En raison du manque de règles claires pour la réalisation de leurs besoins sexuels, les jeunes âmes doivent nous poser des questions, que nous consacrons aux deuxième et troisième chapitres.

DÉPENDANCE DES RELATIONS INTIMES DU NIVEAU DE DÉVELOPPEMENT

Lecteur. Une personne crée une famille, en restant complètement ignorante dans la compréhension de la relation qui devrait exister entre mari et femme. C'est là que se posent de si basses questions que nous vous posons.

Par conséquent, je veux d'abord demander: "Comment les relations sexuelles se développent-elles à mesure que le Niveau de développement d'une personne augmente? Et que se passe-t-il si l'un des conjoints est d'un Niveau bas et l'autre d'un Niveau élevé?"

Répondre. Oui, les jeunes d'aujourd'hui ne savent absolument pas comment ils devraient se comporter avant le mariage et après avoir légalisé leur relation. Pendant ce temps, au cours de nombreux siècles, ces relations ont constamment évolué et la société a essayé plus d'une fois de les formaliser en certains modèles, de créer des normes et des règles de comportement, de moralité et d'éthique. Mais à tous les âges, il y avait une interdiction stricte d'avoir des relations sexuelles avant le mariage. Cela a été sévèrement puni. Et avant le mariage, des éducateurs spéciaux préparaient les jeunes à la vie de famille.

Maintenant, comparé aux recherches passées de la société par rapport aux règles et à la moralité qui lient un jeune homme et une fille, c'est un désordre complet. Par conséquent, en créant une nouvelle sixième race, la société doit soigneusement élaborer tous les moments de formation d'une famille de sixième race, développer des relations avec elle, noter clairement les limites et les capacités du mari et de la femme, leurs responsabilités au sein de la famille et leur comportement par rapport aux autres. Une personne doit clairement savoir ce qu'elle est autorisée à faire et ce qui ne doit en aucun cas être fait.

Et pour la formation d'une telle charte des relations familiales, il est nécessaire de réunir en un seul travail de discussions des enseignants de maternelle, des enseignants d'écoles, des écoles professionnelles et des établissements d'enseignement supérieur, des sociologues, des juges, des avocats, des psychologues de différentes directions, des mentors en production, etc.

La présence de mentors-superviseurs est souhaitable non seulement dans les grandes et petites industries, mais aussi dans d'autres lieux de grand rassemblement de personnes. Là où les gens sont concentrés (théâtres, cinémas, stades, parcs culturels et récréatifs, etc.), des règles de comportement spécifiques devraient commencer à fonctionner. L'âme doit être enseignée à chaque pas, car à des endroits différents, ces «étapes» doivent être différentes.

Par conséquent, un groupe qui développe des lois de comportement entre un homme et une femme dans la famille, et simplement entre des personnes dans la société, doit impliquer une variété de spécialistes pour la discussion, qui, dans l'ensemble des comparaisons et de l'émergence de nouvelles idées, seront en mesure d'aiguiser, tout d'abord, le comportement des gens. Et avec le développement des relations dans le temps, ils doivent apprendre à les corriger, en s'adaptant aux exigences du temps nouveau.

Mais répondons spécifiquement à la question du lecteur sur l'évolution des relations sexuelles entre les personnes à mesure que les Niveaux de leur développement augmentent.

Il existe une telle tendance: plus le Niveau de développement du conjoint est élevé, moins il est soumis à la force du désir sexuel. Mais cela ne signifie pas que la puissance de leur chakra inférieur s'estompe progressivement, au contraire, elle augmente également, correspondant à l'augmentation du Niveau d'une personne. Par conséquent, chez un individu bas, l'envie est accélérée, mais énergétiquement faiblement dosée, tandis que chez l'individu élevé, l'envie est rare, mais puissante en termes de libération d'énergie (on ne parle que d'énergies).

D'où la nécessité de former des paires en fonction des Niveaux de leur développement. Et cela sera compté dans la sixième race.

Si vous n'observez pas la correspondance de niveau des époux dans le mariage, cela peut affecter immédiatement la santé du partenaire à faible spiritualité, car lorsque l'énergie de leurs chakras inférieurs est échangée, le chakra faible du conjoint faible recevra, au lieu de la petite portion d'énergie requise, une dose mortelle de son partenaire à haut potentiel, ce qui enlève l'échec des corps subtils et perturbe le travail des chakras d'un conjoint à faible potentiel, car les chakras travaillent toujours ensemble. Par conséquent, il y a un fonctionnement incorrect de tous les processus métaboliques du système reproducteur, des maladies de ses organes avec toute une chaîne de dépendances, se propageant à tout l'organisme, jusqu'aux troubles mentaux du conjoint bas.

Un homme du futur lointain (septième race), à la fin, atteindra dans ses relations entre les sexes un tel niveau auquel son désir sexuel ne sera utilisé qu'une seule fois dans sa vie et uniquement pour son but, c'est-à-dire pour la procréation (bien que la plupart des gens préfèrent utiliser méthode artificielle sûre de reproduction et d'élevage d'enfants dans des capsules spéciales qui imitent complètement l'utérus de la mère).

QUESTION PUREMENT A DES FINS COGNITIVES

Lecteur. Pardon. Une question assez méchante, mais je la pose uniquement à des fins éducatives. Il me semble que le karma dans notre monde pécheur est aussi facile à attraper pour une personne que n'importe quelle infection grippale au cours de son épidémie. Et notre épidémie est une épidémie de vices. Ils sont tentés à chaque coin de rue, et il est souvent impossible de passer pour ne pas être infecté par quelque chose. Vous pouvez prendre quelques bières puis vous battre.

Vous pouvez fumer pour que l'entreprise paraisse plus cool et vous n'étiez pas considéré comme le garçon d'une maman et vous n'étiez pas appelé une bardane. Vous pouvez inviter une fille à danser, la raccompagner chez elle, puis ajouter qu'il est resté avec elle toute la nuit. Et plus vous vous accrochez des péchés, plus vous êtes respecté par les filles et les amis.

Comment les Supérieurs voient-ils l'auto-incrimination contre eux-mêmes, pourrait-on dire, calomnier contre eux-mêmes? Personne ne veut communiquer avec des personnes propres. Ils ont vécu au point qu'ils ont commencé à décorer une personne non pas avec des médailles pour des actes héroïques, mais avec des calomnies et des calomnies.

Ou voici une question si basse et désagréable, mais d'actualité: il n'y a pas d'échappatoire à vos désirs: si un homme ou une femme se satisfait lui-même de ses besoins physiologiques intimes, le karma s'accumule-t-il, malgré le fait qu'une autre personne n'est pas impliquée dans un tel processus? L'enfant grandit et il a des désirs avec lesquels il ne sait pas quoi faire et comment être. Comment ne pas gagner un gros karma? Et en général, comment éteindre vos besoins du corps physique? Comment être jeune et non marié?

Réponse. L'aveu mensonger, bien sûr, est mauvais, il montre une faiblesse d'esprit. Mais nous, par exemple, comprenons que la jeune âme n'a plus nulle part où aller, rien à cacher au ridicule impitoyable et à l'humiliation des pairs. Si les pairs sont normaux, comme la société, alors les âmes apprennent les unes des autres de manière positive, et leur formation, la maturation se produit normalement. Mais quand tout dans la société est perverti, alors chaque jeune âme traverse une période insupportablement difficile. Et ici, les adultes comptent sur le fait que leur enfant a assez de patience et de volonté pour résister à toutes les attaques contre lui-même.

Et les adultes devraient apprendre à un enfant à ne pas prêter attention au ridicule, aux injures, à ignorer les insultes. C'est également difficile. Par conséquent, ce serait bien s'il y avait des psychologues spécialisés (et déjà mieux à l'école) qui enseigneraient aux adolescents la réaction correcte à la méchanceté que la rue et des pairs déjà dégradés qui sont désireux de reconstituer leurs rangs avec d'autres font tomber les enfants en pleine croissance. Dans une société aussi dégradante, il est impossible de se développer normalement, il y a fondamentalement une lutte pour la survie. Les Supérieurs le savent et le comprennent, il n'y aura donc pas de grand karma ici, puisque l'enfant se défend principalement dans la rue (mais la défense ne doit pas dépasser les limites des normes).

En accumulant un peu de karma dans la rue, les Supérieurs donneront à une personne l'opportunité dans les prochaines incarnations de renforcer son esprit et sa foi en lui-même, en répétant les situations d'autodétermination et d'indépendance par rapport aux opinions des autres sous une forme plus loyale et retenue. Tout comme il est impossible de devenir un héros à la fois, pour cela l'âme doit être préparée dans plusieurs vies, de même il faut gagner du courage et de la confiance en soi au fil de nombreuses réincarnations. Le développement des énergies de l'esprit, la volonté se produit lentement et par petites portions. Comprenant tout cela, les Supérieurs n'accableront pas trop la jeune âme avec un karma lourd, ils prendront simplement soin de son éducation, et ils doivent aussi être patients en cela.

Par conséquent, dans cette vie, vous devez essayer de supporter calmement tout ce qui vous appartient, et à la fin de votre vie, vous sentirez que vous êtes devenu plus fort et plus détendu face au ridicule et à l'humiliation. Et après plusieurs incarnations, une personne comprendra déjà que tout cela n'est rien pour lui, de la poussière qu'il va secouer et ne remarquera même pas qu'elle s'est une fois installée sur lui.

La patience est ce grand mécanisme qui transforme la faiblesse d'une personne en une grande force, la rend invincible. C'est le genre de patience qui ne se mêle pas au désir de vengeance.

Le karma dans la question posée sur l'autosatisfaction est accumulé, mais insignifiant. Et ici aussi, il peut y avoir de nombreuses circonstances différentes que le Très-Haut prendra en compte individuellement. Une personne est arrangée de telle manière que si elle n'a pas de vie sexuelle et ne fait rien de tel artificiellement, alors dans un rêve, elle se débarrassera de tout ce qui lui est superflu et inutile, régulant ainsi ses besoins sexuels et l'équilibre énergétique du chakra inférieur.

Mais n'ayez pas peur que la stagnation et la maladie naissent du mode de vie ascétique. Au contraire, le corps parviendra progressivement à son équilibre par lui-même, car le corps humain est beaucoup plus intelligent que l'individu qui y est, et est capable de faire face à la plupart des maladies et de s'adapter aux conditions extérieures par lui-même, sans l'aide de la personnalité qui y est élevée. Pas un seul ermite n'est encore tombé malade d'un style de vie ascétique.

Toute attraction peut être supprimée par des sports intensifiés ou d'autres activités vigoureuses (creuser des lits à la campagne, etc.), ce que l'âme aime vraiment. Par exemple, une personne aime maîtriser un instrument de musique, concevoir un avion, des vaisseaux spatiaux, un char; et il va complètement tête baissée dans la compréhension de la chimie ou de la biologie, de la physique ou des mathématiques.

Auparavant, ces passe-temps étaient appelés "passe-temps", ce sont ces activités qui capturaient complètement l'être humain tout entier et une personne ne pouvait penser à rien d'autre comme à une entreprise préférée. Et un passe-temps a sauvé beaucoup d'erreurs et a même contribué à l'acquisition de qualités positives par l'âme. Il est important ici que la question soit très passionnante pour une personne et absorbe complètement ses sentiments et ses pensées. Ensuite, il a moins de temps pour écouter les besoins de son corps capricieux.

Bien sûr, c'est difficile, mais vous devez apprendre à gérer vos désirs, en passant des expressions basses de volonté aux expressions élevées - en faisant votre art préféré, le sport, votre profession préférée. Et même réparer votre propre voiture peut vous captiver, si vous aimez ce métier.

«Le sommeil de la raison donne naissance à des monstres» est un proverbe espagnol. Appliqué à la position actuelle de notre société, il exprime cet état de celle-ci lorsque l'esprit humain, n'étant engagé dans aucune activité mentale utile (résoudre des problèmes, comprendre de nouvelles connaissances, créer quelque chose pour les gens ou pour soi-même, etc.), commence tout détruire autour de vous: les bâtiments, la nature, la mode, etc. En conséquence, les chasseurs aux selfies spectaculaires apparaissent, de vandales et d'autres types de passe-temps pervers. Un tel esprit crée des films d'horreur qui provoquent de l'agression chez les gens, cultive des tendances aussi anormales que les goths, les punks et tous les autres. Par conséquent, nous pouvons être convaincus de la justesse de ce dicton en scrutant attentivement la vie environnante. Combien de personnes inadéquates sont apparues autour, avec lesquelles il est même impossible de parler d'une vie simple, car elles ne comprennent pas ce que vous leur dites et, en général, ce qui se passe autour d'elles. De nombreux fans de jeux informatiques transfèrent la réalité virtuelle à la vie moderne et commencent à tirer sur leurs ennemis conventionnels.

Mais revenons aux questions de genre. Ici aussi, le «rêve de la raison» a donné lieu à de nombreuses perversions différentes. Des mecs et des filles nus apparaissent dans les rues, dansant sur les capots des voitures ou errant tristement le long des routes. À quoi sont-ils contre, qu'est-ce qu'ils essaient de dire au public?

Bien sûr, il est difficile pour les jeunes âmes de suivre le chemin ascétique. Cela n'est possible que si l'âme se dirige vers un grand, grand objectif. Et où l'obtenir, si la société elle-même ne comprend pas où et pourquoi elle va, bien qu'il soit déjà évident pour tout le monde que beaucoup sont fatigués des objectifs matériels, et que l'âme veut lutter pour quelque chose de sublime et de beau. L'âme a même développé une faim pour ce grand objectif. Personne ne peut le détecter.

Cependant, de grands objectifs dans la période de désintégration de la religion, des pays, de la civilisation ne peuvent pas surgir comme quelque chose de privé. Toute l'humanité doit être sauvée.

Mais un excellent objectif peut être, par exemple, la sixième race, sa création et le mouvement de chaque âme à travers sa propre amélioration, aiguisant les qualités d'une âme privée aux superpuissances et au professionnalisme supérieur dans toute entreprise. Et tout cela devrait être encouragé par la société.

En attendant, la société se demande où placer la balise et ce qu'il faut prendre pour atteindre cet objectif, afin que l'âme ne perde pas le temps de sa vie, et il était possible de commencer à affûter ses qualités personnelles en se préparant au développement de plusieurs activités intéressantes, y compris quelque chose dans les domaines du sport, de la créativité, sciences ou compréhension d'autres matières scolaires qui se prêtent à la compréhension d'une jeune âme. Biologie, zoologie, physique, mathématiques, étude de l'Antiquité, restauration de l'histoire - tout peut devenir un passe-temps intéressant si vous le traitez avec amour et introduisez les méthodes les plus récentes dans les méthodes d'étude, comme l'arithmétique mentale et les mathématiques mentales récemment apparues, qui enseignent le calcul rapide.

Vous pouvez commencer petit, puis la vie vous dira ce qui est utile pour les jeunes de faire ensuite. Et la génération plus âgée n'a rien à faire à la traîne, car il reste encore dans le monde combien d'inconnus, inexplorés par eux. Et beaucoup de gens pourraient oublier le sexe, il est trop tôt pour s'intéresser à certains, il est trop tard pour d'autres.

Je voudrais souligner un autre fait de mauvaise éducation des enfants, à savoir l'imposition de connaissances indécentes sur la structure d'une personne dans les jardins d'enfants: il est apparu là une mode pour parler ouvertement des différences dans la structure masculine et féminine des enfants et pour révéler les raisons de ces différences pour la jeune génération. C'est aussi une sorte de sauvagerie.

L'éducation sexuelle jusqu'à un certain âge brise la psyché de l'enfant, blesse l'âme fragile. De telles blessures peuvent ensuite conduire à l'infertilité masculine et féminine, car dans le corps fragile de l'enfant et de sa conscience, certaines connexions énergétiques entre l'âme, la psyché faible non formée et les organes reproducteurs sont rompues. Même les sauvages, où il semblerait que tout est possible et permis, n'ont pas de formation précoce dans ce sens, non pas à cause de leur inexpérience et de leur manque de connaissances, mais parce que les Supérieurs n'ont pas programmé le processus d'éclairer leurs propres enfants à leur stade prépubère. Et si les Maîtres Supérieurs ne voulaient pas cela, alors il faut écouter cette opinion à ce sujet, car il est facile de briser la psyché, surtout dans l'enfance, mais peu de gens ont réussi à restaurer et à corriger les conséquences de cette destruction. Dans une vraie société décadente, plus tard on apprend la vie sexuelle, mieux c'est.

L'attention humaine doit être détournée de ces sujets et de ces connaissances, car ils décomposent toujours l'âme de telle manière que cette dernière (l'âme)* a le désir de quitter le corps matériel le plus tôt possible, car ces basses énergies commencent à affecter négativement l'âme elle-même, assoiffée d'énergies élevées, qui et doit le soulever, dans l'énergoenvironnement dont il est originaire. Les explosions sexuelles réduisent considérablement l'énergopotentiel d'une personne et l'âme doit travailler à nouveau pour reconstituer les pertes d'énergie. Les énergodéchets, dissipation de celle-ci dans l'espace - c'est le travail du mécanisme du corps sans avantage. Mais le Déterminant dépense son énergie sur l'existence humaine. Il investit dans une personne, et il le dépense sans bénéfice, et, de plus, abaisse son énergopotentiel de l'âme, réduisant son Niveau. Mais le but du développement est de construire de l'énergie et d'augmenter son Niveau, son énergopotentiel. Par conséquent, l'individu a des dettes énergétiques. Ils devront être reconstitués d'une manière ou d'une autre. S'il n'y a pas de reconstitution par le travail volontaire, alors une personne est forcée de traverser artificiellement des situations de vie difficiles, puis par la souffrance, elle reconstitue ce qu'elle vient de perdre par plaisir.

ÉNERGIE DES SENS ET ÉNERGIE DE LA BOUE

Lecteur. Et si un homme et une femme ne sont pas légalement mariés, mais s'aiment sincèrement, leur sexe émettra une énergie sale, malgré des sentiments élevés? Autrement dit, jusqu'à ce que leurs liens de mariage soient garantis, leur proximité physique générera de la boue énergétique?

Réponse. Ici, ce n'est pas une question de sentiments, mais de responsabilité, de capacité à se maintenir dans la loi. Les sentiments tels que la responsabilité et la capacité de contrôler son comportement et ses actions sont beaucoup plus élevés en termes de sentiments d'amour pour une femme ou un homme. Par conséquent, ceci (la présence de sentiments de contrôle et de responsabilité) générera des énergies pures.

Dans le même temps, la présence de ces hautes qualités (contrôle et responsabilité, pas d'amour sincère) parle également d'autre chose, à savoir que dans une relation illégale, une personne ne s'autorisera aucun rapport sexuel avec une personne qu'elle aime.

La famille est entre les mains de deux adultes. Autrement dit, une famille n'est pas créée pour que les gens aient des relations sexuelles et reçoivent des plaisirs vides, mais elle est créée pour élever leur conscience, afin d'apprendre à assumer la responsabilité de leurs actes et à élever des membres normaux de la société en la personne d'enfants. Tels sont les principaux objectifs de connecter un homme et une femme. Ce n'est qu'en augmentant le niveau d'exigences pour eux-mêmes et leur partenaire, les gens s'éduquent et élèvent leur conscience globale.

L'apparition d'énergies propres ou sales n'est pas influencée par les sentiments, mais par la soumission d'une personne aux lois du Très-Haut. C'est la chose principale. Quiconque leur obéit produit des énergies pures. Et les sentiments d'amour chez une personne sont fugaces, et, en outre, si le niveau de développement d'un individu est faible, alors de quel genre de sentiments élevés peut-il généralement parler? Certains d'entre eux manquent de sentiments aussi élevés même pendant six mois de mariage.

Autrement dit, si le mariage du couple n'est pas légalisé, il n'y aura pas d'énergies pures et même de relations, car le sens de la responsabilité ne triomphera pas des instincts inférieurs. Et en général, si un homme respecte sa bien-aimée et ne veut pas l'offenser, il doit d'abord l'inviter au bureau de l'état civil et à l'église pour le mariage, puis se souvenir du reste.

Afin d'éviter un travail énergiquement sale dans le chakra du sexe, idéalement, l'union d'un homme et d'une femme devrait être nécessairement légalisée par une cérémonie de mariage spéciale dans l'église (une fois pour la vie). Ainsi, les futurs époux reçoivent la permission de lier les liens d'en Haut, accompagnés d'une connexion à vie de leurs énergocorps à un Niveau subtil. Ceci est nécessaire pour maintenir la pleine valeur du travail de leur structure unifiée dans le mode général de fonctionnement, destiné à la production de seules énergies pures par cette union pendant leurs processus d'échange.

Les relations légalisées permettent de créer un équilibre énergétique dans la famille qui correspond au niveau d'une famille particulière, ce qui, à son tour, permet aux enfants de se former pleinement énergiquement.

Il est coûteux pour les Supérieurs de construire de telles structures pour un seul union, puisqu'ils y consacrent leurs énergoressources , leur temps et leurs efforts. Et dans l'intérêt des plaisirs bas de l'humain Ils ne changeront pas les règles vieilles de plusieurs siècles à cause de chaque nouvelle passion d'un conjoint venteux (ou d'une épouse infidèle pour son amant), même si plus de sentiments surgissent pour eux, et ils ne construiront pas de nouvelles structures, en démantelant les anciennes. De plus, cet égrégore énergétique familial ne peut exister que s'il ne recueille que des énergies pures des chakras sexuels des deux époux. Les énergies des péchés (sexuels) la brisent immédiatement, et lorsque l'énergostructure de l'union est détruite par les époux, elles ne génèrent alors que des énergies sales.

Par conséquent, le choix de la seconde moitié, selon les plans des Supérieurs, doit être soigneusement réfléchi. Et pour cela, ils permettent de choisir un candidat pour un conjoint pendant longtemps. Il n'y a pas besoin de se précipiter. Vous pouvez regarder de près de cette façon jusqu'à 40 ans. Les plus élevés enseignent à une personne la responsabilité d'elle-même et des autres. Par conséquent, tout choix sérieux ne peut être momentané et spontané.

Mais pour accepter psychologiquement les règles et les conditions du mariage, une personne, en particulier un homme (une femme est psychologiquement plus forte à cet égard, elle est donc toujours prête pour le mariage), une base documentée obtenue au bureau de l'état civil est nécessaire, à l'aide de laquelle il est plus facile pour une personne moderne d'assumer des obligations familiales et obéir aux mesures législatives existantes concernant les relations matrimoniales, adoptées pour les citoyens de la société par leur gouvernement.

Si cet ordre est observé, les époux ne subiront pas de

perturbations énergétiques associées au travail de leur union intégrale (à moins, bien sûr, qu'il y ait des violations pécheresses de chaque côté). Si quelqu'un dans une relation conjugale aussi fondamentale viole la légalité existante sous quelque forme que ce soit (trahison, perversion de l'un des époux, explosions supplémentaires d'énergie sexuelle artificiellement sans partenaire légal), alors leur structure énergétique unique est restructurée et détruite, entraînant les conséquences karmiques correspondantes pour le contrevenant et introduisant votre partenaire de mariage maladies chroniques de la région génitale. Avec les perversions conjointes des époux, le karma s'accumule mutuellement. Quand l'un des époux triche, il mélange dans son union conjugale intégritunique les énergies étrangères de pas son partenaire, qui dans leur conception commune seront superflues, car elles seront qualitativement différentes (par exemple, chaque femme a des énergies yin, bien qu'elles appartiennent au même type, mais ils diffèrent par l'hétérogénéité qualitative individuelle, qui se forme à partir de ses sentiments personnels et de sa sensibilité (pour les hommes - le même principe avec les énergies du «yang»)). Les Supérieurs fixent les unions d'un homme et d'une femme dans le ciel, car seule une telle union de deux cœurs aimants est capable de développer le type d'énergie pure correct, qui est nécessaire non seulement pour le plus élevé et les époux eux-mêmes, mais aussi pour les générations suivantes formées à partir de ce couple.

Si le lien matrimonial d'un couple n'est pas correctement garanti (par un mariage), alors leur union d'en Haut ne sera pas unie, ce qui ne maintiendra pas la pleine valeur de l'énergofonctionnement d'un tel couple. Leur énergoaccumulations des chakras inférieurs disparaîtront simplement dans nulle part, répandant l'énergoboue et créant ainsi un terreau fertile pour divers types d'entités négatives, d'états parasites, de larves. Cela est également lourd de développements karmiques pour leurs âmes et pour les corps physiques - avec des conséquences correspondantes sous la forme de diverses maladies de la région génitale.

Si nous nous tournons vers la question posée, alors plus de saleté d'énergie sera générée lors des rapports sexuels avec une femme, les relations avec lesquelles ne sont formalisées ni par le bureau d'état civil ni par l'église. Nous devons nous rappeler qu'il existe une matrice de lois dans l'âme. Elle est liée à la psyché humaine, et la psyché est liée au programme, d'où provient cette «connaissance» que l'individu viole les lois établies par la société. L'énergie produite n'est donc pas de la qualité prévue par le programme. Il y a une accumulation d'énergodettes, ce qui est lourd de conséquences graves pour la personne elle-même.

Une personne oublie son destin, elle est toujours convaincue qu'elle vit pour recevoir des plaisirs qui éclipsent son esprit.

En violant les lois de la relation les uns avec les autres, une personne peut tromper n'importe qui dans l'exactitude de ses actions, même lui-même, mais pas les lois qui existent en elle, à l'origine établies par Dieu dans la structure de son âme.

À PROPOS DE POLYGAMIE DES MUSULMANS ET DES CHRÉTIENS

Lecteur. Question sur le livre "Révélations du Cosmos", chapitre "Enfer et Paradis. Développement de l'âme en haut et en bas".

On a posé au contacté la question suivante sur la polygamie. «Disons que dans une vie antérieure, un musulman a eu plusieurs épouses et a accumulé une sorte d'énergie« x » en communication avec elles. Dans une nouvelle vie, il est un chrétien du XXe siècle, et dans une nouvelle société, il existe des normes morales complètement différentes, selon lesquelles on ne peut en avoir qu'une femme.

Il l'a, mais dans son âme, il a les qualités de traiter avec de nombreuses femmes. Par conséquent, l'âme tombe constamment dans des vibrations résonnantes, c'est-à-dire des tentations par rapport aux autres représentants du beau sexe. Et donc il aime l'un, puis l'autre, puis le troisième. Cependant, les principes moraux de la société interdisent la communication avec les autres: si vous êtes marié, cela est considéré comme immoral. C'est là que commence la lutte de l'âme.

La norme morale montre qu'il est impossible d'agir «tel et tel». Les désirs et les tentations commencent à tourmenter l'âme avec des doutes. Il y a une lutte interne, à la suite de laquelle une personne viole les normes et les règles de comportement, puis une énergie négative est ajoutée à son âme, ou elle surmonte la tentation au détriment de la volonté et du désir de son âme pour le haut et agit conformément aux normes généralement acceptées de la société. Puisque ce n'est pas censé le faire, alors il ne le fait pas. Ensuite, de l'énergie positive est ajoutée à l'âme."

Et ici, il n'est pas nécessaire d'opérer avec les normes de la morale à différentes époques. Les normes morales, même dans diverses sociétés modernes, peuvent être diamétralement opposées et leur faire appel, pour le moins, étrange. Ce qui est inacceptable dans une société aujourd'hui est tout à fait naturel dans une autre. Autrement dit, si une personne remplace simplement une société qui lui est inconfortable par une autre - confortable, alors le paradigme lui-même disparaîtra?

Si la société dans laquelle une personne est revenue (poursuivant le thème du «musulman») permet la polygamie au niveau de la religion et des révélations divines, alors pourquoi dépasser ce qu'est une convention complète?!

J'aimerais entendre vos explications sur cette question.

Réponse. Le paradigme en la matière est né d'un manque de connaissances. Si vous pénétrez profondément dans le phénomène, alors le contexte étudié remettra toutes les bases à leur place. Commençons par le fait que vous savez tous déjà que dans tout ce qui est une tendance au développement conscient et indépendant, a une hiérarchie. Toutes les religions sur Terre sont réparties selon ce principe, puisqu'elles ont leur propre gradation, qui ne peut être rendue publique à un Niveau donné de développement humain afin d'éviter d'inciter à des guerres interreligieuses.

Selon sa gradation, les ordres, les conditions et les règles de chaque religion diffèrent toujours par Niveau, ce qui leur dicte, du fait de ce système de distribution, la gradualité de la dépendance croissante de la croissance des principes moraux et éthiques de comportement à chaque Niveau.

Ainsi, en retraçant les coutumes de différents pays du monde, vous pouvez identifier beaucoup de traditions étranges et parfois effrayantes, qui seront déjà une caractéristique correspondante du niveau de développement de ces peuples et de leurs religions.

Par exemple, selon l'ordre de mariage de la tribu Hutu du Rwanda, après le mariage, la mariée doit battre son mari chaque nuit pendant une semaine, après quoi il est renvoyé chez ses parents. Ce n'est que si le jeune homme résiste à un tel test que la première nuit de noces aura lieu.

Ces ordres sont primitifs et bas. Il convient de noter qu'au prochain stade de développement, avec une augmentation du Niveau de religion, une telle absurdité et une telle bassesse ne seront plus observées, et jusqu'au sommet de la gradation des religions, chaque personne arrive à ces lois du mariage, dont les normes morales et éthiques dictent que les époux maintiennent l'unité à vie. union de l'homme et de la femme.

Convenez qu'il ne viendrait jamais à l'idée de personne de transférer des ordres tribaux d'une religion à une autre, car ils sont intrinsèquement désagréables, cruels et effrayants. L'idée même de transférer certaines traditions de la religion à la religion n'est générée et comparée chez une personne qu'avec des sensations agréables, car psychologiquement, elle n'est localisée que pour des moments qui lui plaisent. Par conséquent, certains hommes chrétiens ont souvent l'idée de transférer la polygamie dans leur religion. Pour une raison quelconque, ils ne veulent pas transférer, par exemple, l'ordre de la circoncision dans leur religion - c'est désagréable, effrayant et même dégoûtant pour eux. Ainsi, toutes ces idées de déplacement et d'introduction de traditions agréables seront non seulement un facteur de décomposition pour l'âme humaine, mais aussi une destruction complète de la religion elle-même, qui sera disposée à de tels transferts.

Chaque personne, telle qu'elle se perfectionne sur Terre, doit appartenir à chaque religion un certain nombre d'incarnations, en observant les normes de la morale et les fondements de la religion à laquelle elle appartient. Et si ces normes et règles sont arbitrairement transférées d'une religion à une autre, dans notre cas, les lois de l'Islam avec l'idée de polygamie (polygamie) sont introduites chez les chrétiens, alors, en bref, les musulmans ont une énergostructure complètement différente qui leur permet de ne pas accumuler d'énergies sales dans le mariage tandis que parmi les chrétiens pendant la polygamie, au contraire, une chute significative dans le péché se produit.

L'âme d'un chrétien ne tombera pas dans les vibrations résonnantes des tentations du souvenir d'une vie passée, car dans le présent, l'ancien padishah peut se révéler chrétien (le sexe féminin n'a généralement pas de pensées sur un harem masculin, car ils ont déjà suffisamment de problèmes). Par conséquent, seuls les hommes sont sujets aux rêves de harem en raison de leur physiologie et de l'oisiveté, et même alors seulement ceux qui sont encore potentiellement faibles, ce qui signifie qu'ils sont lâches. En règle générale, ces hommes recherchent eux-mêmes ceux qui les serviront, les soutiendront et les raviront de toutes les manières possibles, se livrant à leur faible désir irrépressible (parmi les chrétiens, un tel individu, s'il est trouvé, ne fonctionne généralement pas, mais parasite les femmes en tout. relations, qui est déjà la régression la plus complète).

Vous demandez: "Pourquoi surmonter ce que vous pensez être

une convention complète?" Répondons de cette façon: "Parce que cette convention est formée par les lois religieuses et sociales de la société, qui lui apportent des principes et des normes de comportement appropriés. Pas une seule loi n'est introduite comme cela, l'idée de chaque loi est nécessairement abaissée d'en haut. Et si tout cela est négligé à l'échelle de toute la société, alors tout le pays sera couvert de dégradation.

Si des ordres inférieurs, des règles et des lois sont introduits dans une société, dans l'âme de laquelle ils ont longtemps été traversés et ont survécu, cela conduit à sa régression. "

COMMENT LES ADULTERES INFLUENCENT L'ÉNERGIE FAMILIALE

Lecteur. Que doivent faire les époux pour que l'énergoéquilibre dans son ensemble ne soit pas perturbé dans leur famille appartenant à la foi chrétienne, comme le travail d'une cellule familiale?

Réponse. Comme on peut le voir, toutes les questions tournent autour du même sujet: la légalité du mariage et l'adultère.

L'essentiel est que les époux ne doivent jamais trahir. L'adultère de l'un d'eux, comme mentionné précédemment, introduit dans le seul égrégore de sa famille les énergies étrangères de non son partenaire. Dans une union chrétienne, contrairement à une union musulmane, deux types d'énergie hétérogène «yin» d'une femme et d'un amant (ou «yang» d'un mari et d'un amant) dans le mariage, mélangés à la suite d'une trahison dans une union (où le troisième est toujours superflu), détruisent une structure intégritunique à l'énergoniveau, à partir de laquelle le karma s'accumule et les maladies des époux surviennent. Et pour traiter cette énergie étrangère d'une trahison, tout en restant dans une union conjugale, il est nécessaire de supporter le tourment des maladies chroniques génitales pendant 7 ans, seulement après cela, l'union de deux cœurs pourra fonctionner pleinement dans le mode précédent, générant une énergie propre pour elle-même et pour les Supérieurs.

À PROPOS DU DÉSÉQUILIBRE ÉNERGÉTIQUE SEXUEL

Lecteur. Comment maintenir l'énergoéquilibre du chakra sexuel dans les relations familiales? Je ne veux pas recouvrer de dettes karmiques.

Réponse. Lorsque le chakra inférieur est activé, l'échange d'énergie des époux doit nécessairement être réciproque pour qu'ils maintiennent un énergoéquilibre, et l'un des partenaires n'a pas un excès dominant des énergosursauts, et l'autre en manque.

Ce déséquilibre affecte également négativement le travail des organes génitaux des deux époux, provoquant diverses formes de leurs maladies chroniques, car pour le plein fonctionnement de ces organes, chaque époux a besoin d'une symbiose des énergies masculine et féminine ("yang" et "yin"), qu'ils reçoivent au cours de leur énergoéchange sexuel mutuel.

Ainsi, un certain égrégore du clan est créé à partir d'énergie pure, servant à la fois à protéger les générations et à maintenir les divers besoins vitaux des âmes des ancêtres après leur mort. En effet, même parmi eux, il peut y avoir des publicains ou ceux qui ont un karma lourd. Ainsi, l'énergie pure aide à détruire progressivement le karma du clan, ce qui est également très important pour les âmes qui passeront par ce clan.

RÉUNIONS POUR DEUX OU TROIS

Lecteur. La relation avec la fille avec laquelle vous sortez, notre structure énergétique ou seulement la relation dans un mariage civil ou non civil est-elle importante? Si tel est le cas, est-ce que l'introduction d'un partenaire de plus dans cette relation, un troisième, mais sans la participation du sexe, affectera-t-elle négativement cette structure?

Réponse. Pour deux cœurs aimants, l'énergostructure de leur union n'est instantanément construite par les Supérieurs qu'après la cérémonie de mariage, dans laquelle leurs structures subtiles sont liées entre elles. Lors de l'enregistrement d'un mariage au bureau de l'état civil (sans mariage), une connexion aussi rapidement établie ne se produit pas d'en Haut.

Par conséquent, leurs relations sexuelles pendant plusieurs années continuent à rester coupables avec toutes les conséquences qui en découlent (sans raison du tout, maladies de la sphère sexuelle)

Civil, invité, même sexe, etc. les mariages ne sont généralement pas acceptés d'en Haut, même comme des formes d'alliances possibles ou supposées entre les gens, car avec de telles déviations grossières des lois données par Dieu, l'énergoconception de deux personnes, même dans une certaine mesure aimantes, ne sont pas capables d'une synthèse intégritunique de leurs énergobases. En termes simples, si les jeunes commencent leur vie ensemble en violant les lois divines, en ignorant le mariage, alors ils accumulent d'abord du karma pour eux-mêmes, conduisant à la fois à la maladie et à l'infertilité. Mais si, après avoir vécu ensemble pendant un certain temps, ils décident encore de légitimer leur relation précisément à travers le mariage, alors après avoir d'abord travaillé leur karma acquis conjointement (et ne pas en accumuler un nouveau), le couple se purifie progressivement, tout en rétablissant la santé de leur sphère sexuelle, et "merveilleux" moyen se débarrasse de l'infertilité.

Si un homme et une fille ne sont que des amis, ou ont une relation sexuelle qui n'est pas fixée par un mariage religieux, dans tous les cas, ce couple n'a pas d'énergostructure intégritunique commune qui relie leurs chakras inférieurs, donc l'apparition de quelqu'un d'autre dans leur paire ne peut pas détruire ce ils n'existent pas, à savoir leur énergostructure générale.

Dans ce cas, lorsque le troisième apparaît, les mêmes lois s'appliquent que pour tout autre étranger, caractérisant son comportement du point de vue moral. En d'autres termes, si un gars communique simplement sans intimité avec deux filles à la fois, sans les rassurer ou leur promettre quoi que ce soit, alors le karma ne s'accumule pas. Par conséquent, leur vie sera soumise aux lois divines correspondantes régissant les relations entre amis, en vertu desquelles il est possible au fil du temps de grandir avec des sentiments élevés, lorsque de simples amis se transforment en personnes très chères au cœur des personnes semblables à des parents et des amis.

S'il flirte avec deux filles en le cachant aux deux, alors le karma commence déjà à s'accumuler, car il les trompe toutes les deux. Si un homme a des relations sexuelles illégales (sans mariage) avec une fille et commence à flirter (sans intimité) avec une autre, alors avec la première fille, il accumule du karma, à la suite de quoi il reçoit ensuite des maladies de la région génitale, et à partir de la seconde, il a une dette karmique croissante , ce qui avec le temps le mettra dans les mêmes conditions, lorsqu'une fille qui a un petit ami flirtera déjà avec lui (ou à l'avenir il sera sérieusement trompé par sa petite amie). Il y a beaucoup de nuances ici, et tout dépend de la qualité de l'énergie qu'il faudra travailler, donc vous ne considérerez pas tout en détail.

MALADIES KARMIQUES

Lecteur. L'âme donne aux Supérieurs à travers les organes de l'énergie et ces dettes, à la suite de quoi une personne tombera malade dans la prochaine vie. Les dettes dépendent-elles de ces énergies qui n'ont pas été fournies par les organes lors de la dernière incarnation, bien que la quantité d'énergie ait été inscrite dans le programme humain? La question a incité à demander qu'une personne, à cause de sa bassesse, pèche constamment. Et si tel est le cas, il se peut qu'il ne produise l'énergie nécessaire par aucun organe. Prenons le système génito-urinaire, à moins que la trahison ne conduise à des maladies de ce système? Des maladies peuvent-elles survenir qui ne sont pas liées aux relations humaines, mais à autre chose, par exemple avec la nourriture, la boisson, etc?

Réponse. Le karma associé à un manque d'énergie de tout organe ou système du corps dans une vie antérieure est toujours transféré à son fonctionnement dans la vie suivante. De plus, elle sera élaborée par le même organe ou système dans un nouveau corps physique afin de recevoir une énergie de qualité strictement identique (la qualité de l'énergodette requise)*.

Par conséquent, une maladie qui suit le karma du passé pour un organe spécifique n'est jamais transférée à un autre organe dans une vie future, car l'autre organe générera une énergie d'une qualité complètement différente. Ainsi, les poumons, par exemple, ne peuvent pas générer le type d'énergie que produit le foie, etc.

Mais les maladies, par exemple, du système génito-urinaire peuvent être causées non seulement par l'immoralité des personnes, mais aussi par divers facteurs acquis de la vie: manque de conditions d'hygiène; l'alcool, après quoi une personne est allongée ou assise sur un sol ou un sol froid pendant une longue période et attrape un rhume dans les organes situés dans le bas du corps. Les causes de maladies fréquentes du système génito-urinaire peuvent être une prédisposition naturelle aux maladies de ces organes. Les futurs parents créent eux-mêmes des facteurs défavorables pour l'enfant au moment de sa conception et de sa gestation, lorsqu'ils mènent un mauvais mode de vie: ils ne respectent pas l'hygiène, violent un certain régime alimentaire, consomment de l'alcool, des drogues, etc.

Une prédisposition aux maladies du système génito-urinaire peut être héritée par les enfants. En outre, une personne peut refroidir ces organes si elle porte des vestes courtes à la taille et ne porte pas de sous-vêtements chauds.

Il peut y avoir un «lumbago», c'est-à-dire des énergodommages à l'aura dans la partie inférieure du corps par d'autres personnes plus puissantes en énergie. Restant souvent dans des états agressifs, ils peuvent jeter des regards malveillants sur les autres et détruire involontairement l'aura d'une personne, jusqu'à percer la coque protectrice de certains organes et systèmes. Toutes sortes d'énergoparasites s'accrochent à une personne affaiblie par l'alcool et un mode de vie incorrect (pécheur), en particulier aux systèmes et aux organes de la partie inférieure du corps. L'alcool brûle l'énergie d'une personne, par conséquent, sa défense globale est fortement réduite et les organes et systèmes les plus affaiblis deviennent vulnérables, ce qui conduit également à diverses maladies.

MARIAGE ET MARIAGE RELIGIEUX

Lecteur. Je voudrais poser une question sur le mariage. Autant que je sache, tous les mariages (un partenaire pour chaque personne spécifique) sont planifiés à l'avance par les Supérieurs et se déroulent selon le programme (avec ou sans options).

D'un autre côté, le rite de l'église est nécessaire pour légitimer le mariage afin que l'énergie soit correctement collectée. Cependant, maintenant, de plus en plus de gens se méfient beaucoup de la religion, et tout le monde ne peut pas séparer la religion avec tous ses avantages énergétiques de l'église en tant que sorte d'organisation bureaucratique. Alors maintenant, le monde devient de plus en plus athée et agnostique, et à la suite de la mondialisation, des personnes appartenant à des religions différentes ou n'appartenant à aucune, c'est-à-dire non baptisées, concluent un mariage légal (approuvé uniquement par le bureau d'état civil).

Parfois, il s'avère qu'une personne en mariage est un croyant et une autre est un athée agnostique, et bien qu'il puisse être une personne honnête avec une haute moralité, il peut, en raison de ses opinions, ne pas accepter un mariage (tout comme tous les non-croyants n'accepteront pas de changer de foi). La situation dans le monde est turbulente et instable tant sur le plan matériel que sur le plan subtil, et il s'avère que les traditions religieuses de nombreuses sociétés s'effacent progressivement, et il est maintenant difficile de dire si le mariage reste aussi répandu qu'il l'était.

Je voudrais comprendre comment les gens devraient être dans les cas ci-dessus? Après tout, beaucoup (y compris à l'époque soviétique, lorsque toutes les questions religieuses n'étaient généralement pas approuvées et que les autorités ont essayé d'effacer la religion de la conscience humaine) vivaient complètement leur vie, et maintenant - les gens modernes (qui n'ont pas trouvé l'ère soviétique ou, par exemple, les citoyens d'autres pays, où le christianisme perd lentement du terrain pour d'autres raisons) vivent dans un mariage non marié, enregistré uniquement par le bureau de l'état civil (ou similaire). Dans le même temps, ils ne peuvent jamais se changer et adhèrent généralement à des normes élevées de moralité et d'éthique dans leurs relations. Un tel mariage non religieux entraîne-t-il également de graves conséquences négatives sur le plan énergétique?

Réponse. Les Supérieurs comprennent parfaitement que dans la société moderne, il est très difficile d'adhérer à ces normes et règles qui ont été initialement données aux gens par Dieu.

Par conséquent, à l'époque soviétique, ce n'était pas le mariage qui importait, mais l'enregistrement auprès du bureau d'enregistrement ou autre légalisé par l'État. Et pour cela, l'appartenance à une religion n'est pas obligatoire. Les bureaux de l'état civil sont tout à fait adaptés aux athées, et s'ils n'enregistrent pas leur mariage, ils recevront la censure de toute la société, ce qui est très sensible pour beaucoup. Beaucoup d'entre eux ne supportent pas la censure de la société, des amis, des voisins. L'opinion publique est également très importante pour les gens et les aide à ne pas violer les lois existantes.

Au cours de la période de changement d'époques, les concepts de jeunes ont été déformés et sont devenus, pour ainsi dire, retournés, où, au contraire, le respect de la pureté dans les relations prénuptiales est considéré comme une sauvagerie, et si un jeune homme ou une jeune fille conserve sa chasteté pour le mariage, alors ces personnes sont pourries, faites des parias, se moquent d'elles et humilier de toutes les manières possibles. Mais si la société est dominée par des anti-lois créées par des gens du système négatif, alors, par conséquent, cette société est au fond de son état régressif, et ici tout le monde doit penser et planifier son propre destin - obéir à des règles décadentes ou s'y opposer, en les ignorant.

Avec des normes strictes et des règles de comportement approprié données aux personnes d'en Haut, pour diverses périodes du développement possible de l'humanité, il y a quelques écarts minimes en vertu desquels des règles strictes données par Dieu se transforment en relativement fidèles et facilement observables pour divers groupes et types de population dans la tendance générale émergente à la dégradation croissante. facteur de leur vie sociale.

Par exemple, comme nous l'avons déjà observé à plusieurs reprises, il y a eu des périodes dans notre pays qui ont activement soutenu la politique de l'athéisme militant, où les églises ont été démolies et tous les cultes religieux interdits. En conséquence, la cérémonie de mariage (ainsi que le baptême) pendant de nombreuses décennies a perdu de sa pertinence pour les jeunes. Par conséquent, par le haut, le calcul a également été fait pour de telles périodes, car les jeunes ne sont pas responsables de l'état des conditions dans lesquelles ils sont contraints de se trouver et vers lesquels le pouvoir les a amenés.

Ainsi, le mariage dans les conditions anti-divines en vigueur a été autorisé à être remplacé par un mariage ordinaire au bureau de l'état civil, mais en même temps, il était nécessaire d'obéir à une autre sous-règle - les époux devaient vivre ensemble pendant 7 ans pour qu'ils puissent indépendamment, sans l'aide des Supérieurs, commencer à former une énergostructure unique de leur union - l'énergoégrégore commune de leur cellule familiale.

Par conséquent, si lors d'un mariage, ce dessin est fourni aux jeunes immédiatement, dans un mariage sans mariage, les époux peuvent le créer eux-mêmes après 7 ans de mariage, mais à condition qu'ils restent fidèles l'un à l'autre et ne pèchent pas, car la trahison et d'autres actions similaires le seront. Détruisez constamment la structure énergétique unique du mari et de la femme.

La formation indépendante d'une telle structure unificatrice par un couple d'un homme et d'une femme ne dépend pas de la foi à laquelle ils appartiennent, athées ou croyants, qu'ils soient baptisés ou non.

Les Supérieurs comptaient sur toutes ces combinaisons possibles dans l'union d'un couple amoureux. Mais pour former leur énergostructure unifiée, cette union d'un homme et d'une femme est obligée de respecter des normes élevées de moralité et d'éthique dans leurs relations.

Les normes de moralité et d'éthique élevées n'ont jamais été supprimées de la vie de la société, et une personne est obligée d'y adhérer indépendamment de ce qui se passe autour. Ils constituent un lien neutre et de connexion qui unit différentes générations, religions et époques.

Nous concentrons votre attention sur l'union d'un homme et d'une femme. Les autres unions homosexuelles ne sont pas prises en compte, car elles sont de la fornication. Pour de telles paires, une seule énergostructure ne peut jamais se former, car:

1) leur union est d'abord un péché qui détruit tous les liens du couple sur pied;

2) pour une seule composition de l'énergostructure générale, deux types d'énergie différents sont nécessaires: masculin (yang) et féminin (yin).

Il est préférable d'avoir des enfants dans un mariage non approuvé à l'église après 7 ans de vie ensemble, lorsque l'énergostructure de cette union sera déjà renforcée et pleinement formée, puisque l'enfant peut déjà être dans cette union sous l'énergoprotection générale de ses parents, car il pourra se nourrir d'énergie en cas de maladie non seulement de son égrégore personnel, mais aussi de l'énergostructure unifiée créée par les parents.

CHAPITRE 3
IDENTIFICATION DES ERREURS DANS LES RELATIONS.
AMOUR PLATONIQUE ET MARIAGE RELIGIEUX A
L'ÉNERGONIVEAU

Lecteur. Il y a une cérémonie de mariage à l'église qui, si je comprends bien, devrait réunir les époux à l'énergoniveau subtile.

Question. Mais imaginez que la femme est positive, le mari est négatif. Et les antipodes peuvent aussi obtenir une sorte de construction subtile sur un plan subtil après leur mariage? Après tout, ils appartiennent à des systèmes d'opposition. Et je suppose que le chakra* produit de l'énergie négative chez un conjoint négatif. Alors, comment cette énergie négative affecte-t-elle le partenaire positif?

P.S. Peut-être qu'ils vous posent des questions basses, mais vous leur donnez des réponses élevées. J'espère que vous ne considérerez pas comme un certain dédain pour vous qu'on vous leur a demandé à nouveau. En fin de compte, ils ne concernent pas tant le sexe que la logique par laquelle les Supérieurs étaient guidés. Et comme ils ont créé quelque chose de bas (c'est le sexe), ils doivent être en mesure de répondre des résultats de leurs créations. Mais, chers Messagers, c'est à vous de répondre ou non à ces questions.

Réponse. Rappelons d'abord qu'il faut rappeler à quiconque se marie que fonder une famille nécessite des restrictions aux libertés des personnes. Après avoir créé une famille, vous devez contrôler toutes vos actions et demander l'autorisation de leur mise en œuvre au deuxième conjoint. Le degré de liberté d'une personne diminue après le mariage de 50 à 80%. Chaque pas que vous faites doit être signalé. Mais cela ne devrait pas décevoir, car un tel signalement n'est que bénéfique, car il incorpore aux personnes de hautes qualités de responsabilité, l'attention aux autres, la qualité des soins, afin que les proches ne s'inquiètent pas pour vous lorsque vous êtes en retard quelque part. La maîtrise de soi et l'autocritique se construisent également, qui sont également de hautes qualités du futur. Autrement dit, chez une personne possédant de telles qualités, la quantité d'énergie négative dans l'âme diminuera et l'énergie positive augmentera. Autrement dit, même sur un si petit exemple de rapport à la seconde moitié, il est déjà clair que la famille élève une personne plus positivement que négativement. Par conséquent, les énergies positives et négatives bouillonnent dans le corps humain et les chakras fonctionnent activement.

Il convient de noter que le processus de mariage est universel en ce qui concerne la connexion de personnes de différents Systèmes, car les programmes nécessitent pour la plupart la connexion de personnes de systèmes opposés pour le développement karmique de l'un d'eux, ainsi que leur amélioration mutuelle. Par conséquent, techniquement, la cérémonie de mariage agit sur le négatif aussi bien que sur le positif, même lors de la création d'une union d'opposition, lorsque leurs énergocorps sont unis.

En d'autres termes, le mariage forme une connexion de certaines fonctionnalités mondaines, dans lesquelles les chakras inférieurs des jeunes sont connectés. Et comme à la suite de la formation de cette union, un travail approfondi est synthétisé sur les énergies les plus grossières, afin d'obtenir des énergies grossières, mais pures et non sales (pécheresses), c'est un élément important dans le développement à la fois d'une personnalité positive et négative, car les âmes de ceux qui sont subordonnés au Diable sont perfectionnées selon le même principe que les âmes de Dieu, à savoir, elles subissent un développement, accumulant des énergies dans la matrice des énergies pures grossières (basses) aux pures plus subtiles (les plus élevées). Leurs types sales, comme vous le savez déjà, ne peuvent pas être contenus dans la matrice. Et le concept d'énergies «brutes» ne signifie pas qu'elles sont sales, mais parle de leurs basses fréquences. Mais les énergies brutes sont également divisées en basses et hautes, et ont également leurs propres types d'énergies propres et sales.

Par conséquent, dans une union d'opposition - un conjoint positif et un mari négatif, lors d'un mariage à l'église, une personne positive ressentira la grâce et éprouvera des sensations agréables, et une personne basse et négative ressentira de l'anxiété et d'autres sensations désagréables. Le négatif élevé ne ressentira plus de négatif, car il sera lui-même plus proche dans son développement des hautes fréquences, mais des énergies négatives; et tout ce qui est élevé est toujours pur. Par conséquent, les hautes personnalités du Diable dans l'église ne se sentent pas opprimées.

Mais **la chose la plus importante qu'un mariage donne est une connexion à vie entre les énergocorps d'un homme et d'une femme, et fournit une protection à cette union.** Au-dessus, il n'y a pas de démystification, donc ceux qui vont se marier à l'église doivent le savoir et réfléchir attentivement avant d'accepter le mariage. Serez-vous capable de vivre toute votre vie avec cette personne? Parce que si ce couple décide de partir et trouve plus tard d'autres partenaires pour eux-mêmes, alors leur connexion énergétique du mariage reste jusqu'à la mort, et donc les relations avec d'autres partenaires seront considérées comme des péchés.

Et, naturellement, de telles personnes ne pourront jamais former une seule structure énergétique avec qui que ce soit, car les énergies masculines et féminines étrangères de leurs nouvelles paires seront constamment mélangées dans leur union conjugale, ce qui agira énergétiquement de manière destructrice sur les systèmes et organes de leur corps liés à chakra du sexe, causant diverses maladies chroniques et l'infertilité.

Si l'union conjugale s'est désintégrée, la meilleure chose pour ne pas accumuler d'énergies pécheuses sales est de passer à l'ascèse ou à renoncer complètement à d'autres connexions avec le sexe opposé.

MARIAGES HÉTÉROCHRONES

La différence d'âge pour certains partenaires atteint 15, 20 ans et plus. Bien que les gens essaient de justifier de telles unions et recherchent diverses preuves de la légitimité et du bénéfice moral de leur existence, cependant, ce sont des mariages karmiques erronés.

La relation d'un homme et d'une femme appartenant à des générations différentes est toujours une tentation d'un Système négatif, où la stabilité des qualités internes est testée: l'un est tenté par la jeunesse, voulant rafraîchir les sentiments perdus, l'autre - par le bien-être matériel. Et en même temps, les deux ne sont pas sincères même devant eux-mêmes, car le vieux mari se justifie en prenant, à des fins d'éducation et de soins, un jeune et inexpérimenté sous sa protection, et la jeune femme se protège du fait qu'elle n'est attirée que par la haute intelligence et les qualités spirituelles de son mari, mais en aucun cas le bien-être matériel. Cependant, pas une seule jeune fille n'est encore tombée amoureuse d'un seul intellectuel âgé qui n'a que l'intelligence. Pour une raison quelconque, ils «n'aiment» l'ancien qu'avec un portefeuille épais ou pour l'immobilier et la renommée.

Bien sûr, ces deux âmes n'obtiennent pas certaines qualités morales dans leur matrice et elles sont satisfaites des tests - on leur donne des situations avec des tentations. Ce sont des examens pour céder aux tentations.

Selon les exigences des Supérieurs **dans les relations entre un homme et une femme, l'écart admissible en années ne doit pas dépasser la limite maximale de dix ans (les relations dans les cinq ans sont considérées comme idéales). Il existe toujours des tolérances, maximales et minimales, dont il n'est pas recommandé de violer les limites.**

Chaque génération était guidée par les Supérieurs sur leurs intérêts, leur propre rythme de développement; toute génération porte sa propre énergie, dont le développement ne peut jamais être répété par aucune autre génération. Par conséquent, les personnes ayant une grande différence d'âge sont incompatibles même en termes d'énergie.

Les générations ont été spécialement construites de manière à ce que les personnes d'âge identique ne s'intéressent qu'à leurs pairs, puisqu'elles sont données à maîtriser des supports d'information strictement spécifiques, et c'est un travail avec un certain type d'énergie, qui, mélangé à un autre type d'énergie (une autre génération), porte la génération d'énergie. qualité défectueuse. **La tâche de chaque génération est qu'elle doit transformer collectivement une énergie d'un certain type par des interactions avec des potentiels identiques.** Il existe de nombreux autres facteurs dont la mise en œuvre est prévue pour une seule génération de personnes.

Par conséquent, les mariages d'âge différents sont une violation qui forme le futur karma des âmes et lie leurs relations de cause à effet.

PERFORMANCE DU DEVOIR CONJUGAL

Lecteur. Ma femme et moi vivons depuis plus de 30 ans, et bien que je n'ai personne d'autre, je sens que ma femme n'est plus sexuellement attractive pour moi, je suis devenu complètement indifférent à son égard, et elle exige de moi de remplir mon devoir conjugal, qui est devenu un fardeau pour moi et même, franchement, dégoûtant. Dans ce cas, puis-je accumuler de la saleté énergétique si je vais contre ma volonté? Que pouvez-vous dire à cette occasion?

Réponse. Dans ce cas, la saleté énergétique ne sera pas accumulée, puisque vous êtes légalement marié. Et le fait que vous y alliez pour remplir votre devoir conjugal contre votre volonté n'est pas non plus criminel et karmique. Le mariage légal adoucit les contradictions de votre âme et vous donne un plus, car en réalisant les désirs de votre femme (ou conjoint), vous l'empêchez de tomber dans le péché, c'est-à-dire que par un tel comportement, vous vous battez pour préserver votre famille.

Cependant, il est important que les conjoints prennent en compte l'état de santé de chacun sans faute. Si l'un des époux est malade, alors le second conjoint est obligé de compter avec lui, de l'aider à guérir, de le soutenir moralement, de se montrer préoccupé. Prendre soin d'une personne malade vaut beaucoup plus en termes de signification des actions d'une personne que d'accomplir un devoir conjugal.

Et le sacrifice de ses propres intérêts personnels au nom d'un conjoint vaut plus que de se muscler au gymnase. Certaines actions d'une personne ont toujours une importance plus élevée, tandis que d'autres sont inférieures, et il est souhaitable que l'âme dévie toujours vers des actions supérieures.

Mais à votre place, deux options sont possibles:

1.Vous pouvez honnêtement admettre que, uniquement en raison de votre âge, vous n'êtes plus en mesure d'accomplir vos obligations matrimoniales. Et si votre femme vous comprend, elle changera de comportement, deviendra indulgente envers vous. Si elle ne comprend pas et la demandera comme avant, c'est-à-dire qu'elle vous forcera, alors cela commencera déjà à lui imposer un travail karmique. Cela, de son côté, peut être assimilé à la violence domestique. Mais cela sera décidé par les Juges Supérieurs.

2. Si vous avez marre de votre femme, vous pouvez essayer de corriger la situation de différentes manières: la femme peut essayer de transformer son apparence en utilisant des créateurs de mode et des cosmétologues, ou vous pouvez utiliser les conseils d'un sexologue. Et dans les cas extrêmes, ce qui est la meilleure option pour vous, c'est de rester sur un mode de vie ascétique. Il ne vous permettra pas d'accumuler du karma et fera de vous une personne juste. En même temps, vous pouvez vous trouver une sorte d'activité créative, et l'ascèse et la créativité favorisent bien une personne en développement et gardent son énergie propre.

La famille apprend toujours à une personne à être limitée, enseigne le respect des lois et la compréhension d'une autre personne, l'indulgence, ajustant ses désirs et ses actions aux intérêts d'une autre personne.

Vous ne pouvez pas regarder une personne comme une chose:

vous l'avez utilisée, et si elle est devenue vieille, minable, vous pouvez la jeter et en obtenir une autre en retour. Bien sûr, c'est de la méchanceté. Nous appellerons un chat. Exigeant de nouvelles sensations de la part de son partenaire, la personne exigeante se révèle incapable de rien.

Et je tiens également à vous rappeler que les partenaires doivent apprendre non seulement à s'aimer, mais aussi à se respecter dès les premiers jours de la vie commune. Le respect ouvre la voie à l'amour, le soutient, et l'amour développe la miséricorde et la loyauté, développe un sentiment de gratitude. Ensemble, cela forme une famille forte et heureuse.

Le respect repose sur la capacité du partenaire à voir que l'autre personne fait quelque chose spécialement pour lui: préparer le dîner pour son arrivée, le rencontrer au travail, apporter un parapluie. Pour l'anniversaire, la journée des hommes ou des femmes, je n'ai pas oublié d'offrir des fleurs ou un cadeau. Et l'autre a fait une étagère pour la famille, collé le papier peint, lavé les sols, etc. Les conjoints commencent à faire beaucoup pour celui qu'ils aiment (s'ils continuaient à vivre seuls, ils ne feraient pas grand-chose pour eux-mêmes), et comme ils avaient un conjoint, ils sont fatigués, pas fatigués, mais rassemblent leurs forces, se lavent, cuisinent, se lavent. planchers, créez du confort - **et tout cela au nom de l'amour de l'autre.** Et il faut voir cela et dire au moins parfois «merci», sans oublier de le féliciter, pour que le partenaire comprenne que ses efforts ne sont pas passés inaperçus et sont appréciés dans la famille. Ces relations doivent être apprises.

Si, dès les premiers jours, l'un ignorera les efforts et les efforts de l'autre, cela finira par développer un égoïsme parasitaire et seigneurial chez celui qui ne le remarque pas. Une telle personne ne contrôlera que les affaires d'autrui, mais ne rendra pas la pareille. Et à la fin, il peut arriver que cet égoïsme soit un jour indigné si le deuxième conjoint, pour une raison quelconque, n'a pas un jour le temps de faire quelque chose pour lui, puis un scandale éclate, le ressentiment éclate dans l'âme et la relation commence à s'effondrer.

Une bagatelle suffit pour détruire ce qui a été construit dans la famille pendant des années. Par conséquent, il faut apprendre à remarquer ces bagatelles et à les éliminer à temps. Le respect, comme l'amour, doit être réciproque dans sa manifestation. Si quelque chose ne va pas, vous devez passer à des négociations de cœur à cœur et rétablir les relations de manière à ce que les deux parties soient heureuses.

Tout le monde est étudiant dans cette vie, nous devons donc apprendre à mener des négociations de paix et à organiser des vacances communes ou des Soubbotniks. Vous ne pouvez pas tout blâmer sur une seule personne. La famille doit être construite sur des exigences raisonnables les unes pour les autres, afin qu'elles soient réalisables, remarquées et approuvées. Les relations familiales sont construites par les conjoints petit à petit et pour longtemps. Une vie heureuse et paisible est impossible sans le respect et l'amour des époux.

Et pour parvenir à un partenariat bien coordonné, vous devez être en mesure de voir dès les premiers jours de la vie de famille ce que votre partenaire fait pour vous, vous devez remarquer ses efforts et encourager quelque chose chaque fois que possible (chocolat, fleurs ou autre, par exemple, la permission de pêche).

Il est important qu'il n'y ait rien de tel: l'un rampe hors de sa peau pour plaire au mari (ou à la femme), et l'autre est tout en lui-même et ne dit pas un mot qu'il a remarqué comment le conjoint (ou la femme) essaie pour lui. Il est nécessaire de ne pas prendre les efforts d'un autre pour acquis, vous devez absolument remercier. Tout est individuel dans chaque famille, mais vous pouvez également adopter les bonnes traditions et les bonnes manières des autres. Autrement dit, il est important de prendre soin de la culture de vos relations familiales et de l'améliorer. Et, bien sûr, il est important pour la société elle-même de créer cette culture pour ses membres, de la développer pour les enseignants individuels et de l'introduire progressivement dans différentes couches de la société, en tenant compte des niveaux de développement des couples.

La famille aide les âmes à s'améliorer mutuellement, de sorte qu'un jour, quand un individu quitte les étendues terrestres et dirige sa mini-hiérarchie dans la hiérarchie de Dieu, il sait comment captiver chaque âme qui est dans sa hiérarchie avec quelque chose et l'élever des Niveaux vers les hauteurs. Les bonnes compétences ne sont jamais gaspillées; elles continuent à se développer à l'avenir.

Nous ne devons pas oublier que le peuple de Dieu est obligé d'apprendre à vivre selon les lois de Dieu et de la société. C'est aussi la communion avec la vie éternelle dans l'immense Cosmorganisme de l'Univers.

Lecteur. Quand la saleté plus énergique sera-t-elle libérée: un homme dort avec une femme détestée, mais en même temps légale, ou quand il fusionne corporellement dans une explosion de sentiments élevés avec une femme dont la relation n'est pas officialisée?

Réponse. Dans ce cas, la saleté énergétique sera générée en dehors du mariage. L'apparition d'un troisième partenaire dans un couple à long terme contribuera toujours à l'émergence de la boue énergétique, mais maintenant elle sera accumulée par un conjoint traître qui mélangera l'énergie de sa maîtresse dans l'égrégore familial commun existant, le détruisant.

Dans une énergostructure - un égrégore de famille unique, il ne peut y avoir de doubles types d'énergies "yin" ou "yang", car le plus haut prévoyait le fait de la trahison et créa un égrégore calculé uniquement pour la possibilité de connecter un seul type d'énergie "yin" avec un type d'énergie "yang" ... Dans d'autres cas, une telle énergostructure unifiée est toujours détruite.

Et si la femme est dégoûtée, alors le mode de vie ascétique aidera son mari à ne pas accumuler de karma et à rester une personne juste (en même temps, elle devra également adhérer à un mode de vie similaire si elle ne veut pas tomber dans le péché). Ceci est nécessaire afin de préserver la pureté des énergies de votre égrégore familial créé dans le passé. Il ne sert à rien de se contaminer avec les énergies étrangères d'une femme étrangère et de gagner de lourdes conséquences karmiques.

Lorsque vous avez vécu de longues et propres années de vie conjugale avec votre femme légitime, cela ne vaut pas la peine de créer un karma à long terme pour vous-même, ce qui sera difficile à travailler. Par exemple, depuis trois ans, nous avons été approchés par une personne atteinte d'une maladie du système génito-urinaire. Il a subi plusieurs examens, qui ne montrent aucune maladie connue de la médecine. Il est resté plusieurs fois à l'hôpital, a été soigné, puis a également été traité par un médium. Mais la maladie était incurable. Il est clair qu'elle était karmique. L'homme a beaucoup souffert et certaines de ses lettres criaient simplement: "Au secours, je ne dors pas de douleur, je meurs. Aide au moins quelque chose!" Nous avons aidé au mieux de nos capacités, mais tout cela passe rapidement, et au bout d'un moment, tout s'est répété. Mais maintenant, nous comprenons clairement qu'il a exactement le genre de maladie karmique dont nous parlons maintenant. Nous avons la possibilité de voir de nos propres yeux comment une personne est punie pour une sorte de plaisir lors de la prochaine incarnation. Dans une vie passée, il y avait des plaisirs et des joies, mais dans le présent, il est prêt à escalader le mur de la douleur.

Qui n'est pas prêt à accepter son conjoint pour la vie avec toutes ses lacunes, sur lesquelles ils doivent travailler ensemble; qui n'a pas de patience; ne peut pas être condescendant envers les actions d'un partenaire, ne sait pas pardonner et apprécier son âme sœur, bien qu'il doive partager avec elle à la fois le chagrin et la joie; qui ne peuvent pas être fidèles et ne veulent pas se contenter du corps d'un conjoint jusqu'à la vieillesse - ceux-ci sont contre-indiqués pour contracter une union conjugale, car ces personnes, en raison de leur égoïsme, ne veulent pas apprendre à s'améliorer de manière conjointe. De telles personnes sont une voie directe vers l'ascèse, ce n'est qu'ainsi qu'elles peuvent observer un style de vie juste.

Quant à la phrase du lecteur «il fusionne corporellement dans une explosion de sentiments élevés avec une femme», de tels sentiments, voluptueux et captivant entièrement son esprit, sont erronés, ils apparaissent comme le résultat de l'imposition artificielle de luxure et de volupté par les serviteurs du Diable. Les deux dernières qualités ont un signe clair de leur origine négative. C'est cet appât doux sur l'hameçon que les serviteurs du Diable imposent délibérément à une personne, l'impliquant dans la chute. De plus, séduisant si voluptueusement un nouveau partenaire, les négatifs tentent de détruire le code génétique de ce genre de famille de cette personne.

Les relations avec des partenaires illégaux conduisent à la dégénérescence du code génétique, d'où l'émergence d'un si grand nombre d'enfants malades et défectueux est observée à l'heure actuelle. Telles sont les conséquences de toutes les violations commises dans leur famille.

Mais le mariage peut aussi être vu de l'autre côté. Et c'est une autre raison pour laquelle un genre doit être fidèle à ses partenaires. **Le mariage légal préserve et transfère tous les talents d'une sorte par héritage, maintient le système immunitaire en ordre**, c'est-à-dire qu'il prend soin de l'héritage d'une sorte, et par conséquent, les Enseignants Suprêmes se battent toujours pour le respect des normes morales entre les personnes. Bien sûr, chaque nation et chaque peuple ont leurs propres règles et lois pour préserver les meilleures qualités de leur nation et de leurs clans familiaux, mais ils essaient de les observer strictement, et toute violation est toujours punissable et même assez sévère.

Toutes les interdictions sont données non pas pour priver les gens de tout plaisir, mais pour préserver la qualité du code génétique du genre. Et cela est nécessaire pour que les âmes guidées dans une sorte ou une autre puissent, par la réincarnation, améliorer leurs talents et accroître leur génie. Et, bien sûr, il est important que le genre préserve une progéniture saine. Tout est fait pour le bien de l'âme et son amélioration.

Nous devons nous rappeler que le peuple de Dieu est obligé d'apprendre à vivre selon les lois. C'est aussi la communion avec la vie éternelle dans l'immense Cosmorganisme de l'Univers.

QUEL EST LE POUVOIR D'UN JEUNE HOMME

Lecteur. Un grand merci à vous pour les nouvelles réponses aux anciennes questions des lecteurs! Vous abordez le sujet des relations intimes d'un point de vue énergétique et donnez aux gens de nouvelles informations. Après tout, personne ne s'intéressera au problème de la nécessité d'observer la culture sexuelle, si nous rappelons le côté moral et éthique de cette question. "Le moralisme des ratichons est de l'hypocrisie" - diront-ils à propos de ceux qui commencent à enseigner la chasteté. C'est une autre question lorsque les gens apprennent des Messagers à propos de la boue énergétique, dans laquelle ils se salissent à cause de leurs rapports sexuels promiscueux. Et j'aimerais vous poser plus de questions sur ce sujet. Mais ce ne sont PAS des questions sur le sexe, mais des questions sur le côté énergétique des relations sexuelles.

Question. Il y a un dicton: "La force d'un gars ne réside pas dans le nombre de filles avec lesquelles il a couché, mais dans le nombre de filles dont il a refusé pour une seule." Est-ce vraiment le cas?

Réponse. Dans de telles situations, la haute moralité d'une personne, la force de son Esprit et sa responsabilité se manifestent. De plus, le refus parle de la maturité de l'âme d'un jeune, de la présence d'une solide qualité de capacité à résister au péché et aux tentations. Autrement dit, le fait du refus révèle chez une personne tout un tas de belles qualités matures de l'âme, digne représentant de la sixième race suivante.

Lecteur. Si un homme, au nom de l'amour pour une femme, accepte de vivre avec elle sans sexe à sa demande, va-t-il accumuler des énergies élevées dans son âme ou une sorte d'énergie défectueuse avec un tel acte?

Réponse. Si un homme et une femme s'aiment et forment une union platonique (sans sexe et aucune autre action pécheresse associée aux chakras inférieurs des deux), leur structure énergétique commune

72

dans ce cas n'est pas formée, car il n'y a pas d'échange de processus énergétiques de leurs chakras inférieurs entre eux. Un tel couple vivra simplement en amis.

Il développera des énergies pures très élevées en une matrice personnelle, car au nom de l'amour, pourrait-on dire, il sacrifie beaucoup de ses plaisirs. Le sacrifice de soi en tant que quelque chose qui apporte joie et bien-être à une personne est toujours très apprécié par les Supérieurs. C'est une grande décence intérieure et la plus haute pureté des vrais sentiments d'amour les plus élevés.

Lecteur. Une question connexe est de savoir si le chakra du sexe peut être considéré comme négatif et le chakra du cœur positif. Y a-t-il une sorte de confrontation, de confrontation entre eux? Répondre. Non, cette opinion est fausse. Les chakras négatifs sont absents chez une personne, car chacun d'entre eux fonctionne également avec les énergies positives et négatives. Mais à mesure que le corps humain monte à travers les chakras de bas en haut, chacun d'eux commence à travailler avec des énergies de plus en plus puissantes, car le Niveau des chakras, et donc sa fréquence, augmente, et chaque chakra devient plus puissant par rapport au chakra inférieur, car traite plus de fréquences d'énergie.

Quant au chakra du cœur et au chakra inférieur, ils ne s'opposent pas. La différence réside uniquement dans les fréquences des énergies auxquelles ils fonctionnent, c'est-à-dire que le chakra inférieur fonctionne avec les fréquences des énergies plus et moins du premier Niveau (conditionnellement) et du chakra du cœur - avec les fréquences des énergies plus et moins du quatrième Niveau (si elles sont considérées conditionnellement par le bas), plus puissantes que l'énergie du chakra inférieur. Le chakra créatif supérieur suivant fonctionnera avec les énergies du cinquième Niveau, mais aussi positives et négatives. Et les appeler uniquement positifs ou négatifs n'est pas correct.

Mais en parlant de comparer le chakra inférieur avec le chakra du cœur, il peut être révélé qu'au niveau du chakra du cœur, une personne développe une intuition qui réagit différemment aux bonnes et aux mauvaises actions de l'individu. Le travail de l'intuition est toujours associé au fonctionnement du programme humain. Certains n'ont aucune intuition, tandis que d'autres continuent à se développer, et donc un individu peut ressentir ses manifestations en lui-même sous la forme de sensations diverses, agréables ou désagréables.

GÂTÉE

Lecteur. Différentes nations ont une règle: une fille qui a été privée de sa virginité avant le mariage ne doit pas être considérée comme une épouse, car elle est devenue gâtée.

Question. Une telle fille était polluée par les énergies masculines du type correspondant? Mais elle pourrait éventuellement se purifier d'eux. Pourquoi une approche aussi stricte a-t-elle été introduite dans la culture des relations sexuelles, condamnant les filles déchues au sort des vieilles filles jusqu'à leur mort?

Réponse. Ces filles étaient considérées comme sans cervelle, incapables d'être fidèles à leur mari. Même si après quelques années, elle pouvait se nettoyer des énergies sales dans une union mariée **(le mariage religieux fournit aux époux une énergostructure unique et les nettoie automatiquement des énergies sales, soulageant les jeunes de leur travail karmique en partie et réduisant ainsi la durée de ce karma d'environ deux ans)**, alors faites confiance ces personnes n'existaient pas jusqu'à leur mort, car leur volonté était faible et elles pouvaient à nouveau tromper leur mari dans la vie, comme la vraie vie l'a confirmé.

Par conséquent, une seule énergostructure pour une telle paire n'aurait pas pu se former du tout dans la vie. Et cela signifie que les âmes des ancêtres et leurs descendants issus d'une telle union ne recevront pas les fonctions de protection appropriées lorsqu'ils seront ramenés à la vie, et ne pourront pas compter sur une énergoassistance supplémentaire après la mort. Une telle union est considérée comme vide et improductive à l'énergoniveau.

Leurs descendants n'auront qu'un lien génétique, ne répandant que leur karma dans la famille, mais ils ne seront plus assurés de la protection de la famille sans créer une seule énergostructure pour une telle paire.

En conséquence, leurs générations naissent physiquement affaiblies et portent déjà sur leurs épaules le karma du clan, sur lequel elles devront travailler. Naturellement, pour la réincarnation, les âmes correspondantes sont également infusées dans de telles générations, qui sont obligées de travailler sur leurs péchés identiques avec le développement d'une qualité strictement appropriée.

Par conséquent, dans ce numéro, l'attitude psychologique envers la méfiance à vie envers une fille dénuée de chasteté joue un rôle plus important. Mais elle peut prouver le contraire si, dans le mariage marié, elle observera d'abord la fidélité. Ensuite, dans cinq ans (chez un célibataire - dans 7 ans), un nettoyage complet se produira (tout en maintenant leur innocence mutuelle), et le couple aura une énergostructure unique à part entière - un énergoégrégore, dans lequel les enfants peuvent naître en bonne santé et forts, et les âmes de leurs ancêtres pourront recevoir de l'énergie.

Lecteur. Mais pourquoi la chasteté féminine est-elle plus importante que celle masculine?

Réponse. Le fait est **qu'à la naissance d'un enfant, la mère garde avec lui une énergoconnexion, formée dès le moment de sa conception, pendant plusieurs années (pour le père, une telle connexion avec l'enfant ne passe que par une seule énergostructure du couple).** Et si une fille n'est pas propre et se marie, alors d'une manière ou d'une autre, elle devra d'abord travailler sur son péché prénuptial (de préférence sans avoir d'enfants de 5 ans). Sinon, lorsqu'un enfant est conçu avant cette période (dans les 5 ans après le mariage), les énergies de son ancien homme, étrangères à cette union, auront un effet destructeur sur les structures subtiles de l'enfant qui commencent à peine à se former, à partir desquelles il développe une faible immunité et des maladies fréquentes.

En conséquence, ni le père ne sera en mesure de fournir une protection complète à son enfant à l'énergoniveau, puisque l'énergostructure unifiée de leur union ne peut pas encore fonctionner pleinement en raison des péchés de sa femme; ni la mère n'est capable de donner une énergoprotection et une alimentation de haute qualité à cet enfant, encore une fois, à cause des énergies sales de son ex-petit ami qui lui est présent et pas encore épuisé.

Le mariage donne à l'union des jeunes un nettoyage partiel des énergies sales des relations sexuelles entre les deux, acquises par eux avant le mariage. Si vous présentez ce nettoyage en termes de pourcentage, la cérémonie de mariage dans l'église fournit au couple 25% de nettoyage et de protection. Les 75% restants devront se débrouiller eux-mêmes, en observant la fidélité et le non-péché de cette union en matière de genre. **Et cela signifie que le mariage aide à éliminer le karma prénuptial des jeunes et réduit la période de cette purification d'environ deux ans.**

À PROPOS D'EXCÈS LORS LES RELATIONS INTIMES

Lecteur. À quelle fréquence est-il permis d'avoir des relations sexuelles dans une vie de famille normale pour ne pas accumuler de karma?

Réponse. Un couple ne doit pas avoir d'excès dans sa vie intime, car des rapports sexuels fréquents (plus de 2 fois par semaine) entraînent la perte d'une grande quantité d'énergie, ce qui diminue finalement le potentiel global de l'âme. Mais si, pour une raison quelconque, en raison de l'un des époux qui est trop actif pour cette partie, il y a des pertes d'énergie, il est alors conseillé de les reconstituer en lisant une nouvelle troisième prière, ainsi que d'anciens psaumes, dont l'énergie est associée au corps physique d'une personne et aide à compenser sa perte. Vous devez lire souvent pendant un mois ou deux. Il est conseillé de les lire aux deux époux. Dans ce cas, leur énergostructure unifiée s'améliore et les énergodettes diminuent.

DOGMES DANS LES COUCHES DE L'ENFER. APRÈS LE NETTOYAGE LES ÂMES S'ELEVENT

Auparavant, la religion chrétienne effrayait toujours une personne en enfer pour avoir commis des péchés, y compris la trahison. Et le fait que l'enfer existe vraiment est maintenant confirmé. Par exemple, les explorateurs russes des profondeurs de la terre, au moment où ils ont foré un puits très profond, ont entendu des gémissements et des cris de martyr de là-bas, sous terre. Même alors, ils ont décidé que cela rappelait beaucoup les gémissements des pécheurs martyrs qui, après la mort, sont tombés dans l'enfer terrestre. Ce puits a été fermé et n'a jamais été rouvert. Ils ont gardé le silence à ce sujet pendant longtemps, mais la vérité a toujours coulé et les correspondants l'ont rendue publique.

Mais nos lecteurs nous envoient aussi parfois des lettres dans lesquelles ils racontent comment, au moment d'une maladie grave ou d'une mort clinique, ils ont commencé à tomber dans un monde terrible et déplaisant. Parfois, ils ont ressenti une chute similaire pendant le sommeil, la nuit. Un autre lecteur, par exemple, nous a envoyé une histoire sur la façon dont elle a sombré dans un monde très déplaisant dans un rêve. Passons à sa lettre.

Lecteur: Il y a une semaine, j'écrivais: "Hier soir, j'ai fait un rêve incompréhensible et désagréable pour moi. Je me suis retrouvé au

Purgatoire, dans une pièce plutôt jolie qui ressemblait à une salle d'hôpital. J'y suis allé pour rendre visite à mon ami décédé.

Et trois mois avant sa mort, je lui ai présenté le Nouvel Enseignement et avec Vous. Elle était malade pendant 30 ans et 10 d'entre eux étaient complètement immobiles. J'ai décidé qu'elle avait un karma très lourd. Il y avait d'autres patients à l'hôpital qui lui ressemblaient. Soudain, plusieurs groupes de personnes nous ont attaqués, ils ressemblaient à des sans-abri. Les patients sont restés sur leurs lits (personne ne les a touchés), et moi et ceux qui sont venus visiter les leurs, avons couru jusqu'à l'ascenseur, nous avons dû nous lever. Lorsque nous sommes entrés dans l'ascenseur, les portes n'ont pas eu le temps de se fermer et la foule de ces coquins a couru avec nous. Soudain, de quelque part dans l'ascenseur, d'autres sont apparus (il est difficile de dire quel genre de personnes ils sont), ils ressemblaient plus à des gardes et étaient en uniforme.

J'ai été surprise par leurs actions bien coordonnées. Ils semblaient s'être rapprochés, se mettre en ligne et commencer à séparer le groupe de ceux qui étaient censés monter à l'étage du groupe d'habitants de ces lieux, ne leur permettant pas de monter. Ils ont fait de leur mieux pour nous protéger. Mais ce qui m'a encore plus surpris, c'est le fait que parmi ceux qui ont dû monter, les gens ont commencé à se séparer volontairement et à passer du côté du négatif. Une bagarre s'est ensuivie. J'ai été poussé et l'ascenseur est parti sans moi.

Il ne restait plus qu'à courir, mais je ne savais pas comment trouver l'hôpital. Tout autour du négatif, des bâtiments comme dans les films d'horreur, l'ambiance ne se transmet pas. J'étais constamment harcelée et courais d'un bâtiment à l'autre. Il y avait aussi de petites créatures négatives avec de grands yeux tristes, et pour une raison quelconque, d'autres négatives se sont battues avec elles et les ont tuées. Mais vous ne les fuirez pas indéfiniment, d'ailleurs c'est leur territoire, et j'ai décidé de quitter le refuge pour les rencontrer. Je n'avais plus peur. J'ai décidé advienne que pourra.

Tout un régiment marchait vers moi et devant le chef. Ils se sont arrêtés à quelques mètres de là et tout à coup, comme sur commande, ils ont enlevé leurs chiffons, et j'ai vu les rayures de tout le monde «Fou». C'étaient d'anciens gens, ils sont fous et comme sous hypnose, et parmi eux se trouvaient ceux qui s'opposaient à Dieu. À ce moment-là, en parallèle, ils m'ont montré ces personnes qui s'opposent maintenant aux Messagers et au Nouvel Enseignement sur Terre. Ils rejoindront ces rangs, c'est leur avenir.

J'ai repris courage, je suis allé vers le chef et j'ai dit: "Je dois aller à l'hôpital, j'ai un homme là-bas. Et puis je dois remonter. J'aide tout le monde. Laisse-moi faire mon travail."

Et puis le chef a enlevé ses vêtements. À ma grande surprise, il s'est avéré être une femme. Elle était absolument normale, saine d'esprit. Elle a dit que c'est son armée, créée pour empêcher la diffusion du Nouvel Enseignement. Cela s'applique au monde entier, pas seulement à la Russie. Ces créatures sont des colons. Ils ne peuvent influencer les pensées et les sentiments que des personnes qui, d'une manière ou d'une autre, entrent en contact avec les Nouvelles informations. Ce qui se passe actuellement sur Internet est un système organisé et résolu de confrontation avec vous, les auteurs de Nouvelles Connaissances. Les négatifs écrasent les lecteurs douteux et faibles, et jusqu'à présent, ils sont majoritaires. Ils font juste leur travail. Ils m'ont encore soulevé.

PS: Je comprends que le Nouvel Enseignement est perçu comme difficile pour beaucoup, effrayant. Peut-être que quelqu'un est trop paresseux pour penser et que la vie est plus facile sans lui. Mais comment pouvez-vous avoir un jugement sur une question sans en étudier l'essence? En plus de cela, l'ignorance n'est pas une excuse. Il faut aller jusqu'au bout. Ceux qui sont allés au négatif sont sincèrement désolés. Mais quel genre de monde ils m'ont montré n'est pas clair.

Réponse. On vous a montré un rêve éducatif intéressant. Le Maître Céleste vous a présenté un certain niveau d'enfer. Il y a des dogmes descendants, des conservateurs, toutes sortes de non-croyants au plus haut et au nouvel enseignement, et ceux qui ne croient pas en Dieu descendent encore plus bas. Il est intéressant de noter que la présence de ceux qui sont négatifs aux Niveaux de l'Enfer a été montrée, qui ont une tâche - protéger les individus positifs qui étudient la Nouvelle Connaissance, mais se trompent quelque peu.

Vous avez été abaissé dans ce monde de l'Enfer afin que vous informiez ensuite le monde terrestre de ce qui arrive aux gens qui critiquent le Nouvel Enseignement et le déforment. Pour tout, une personne doit être punie, rien ne passe sans laisser de trace. Et puisque vous avez effectué la tâche à partir du système positif, des individus négatifs vous ont accompagnés, dont le but était de vous protéger de l'arbitraire du négatif dans leur monde. Les négatifs sont robotiques, donc votre protection a été incluse dans leur programme jusqu'à votre retour dans le monde terrestre. Autrement dit, les serviteurs de l'Enfer sont capables non seulement de s'opposer au positif, mais aussi, sur les instructions de Dieu, la protection d'individus positifs s'inscrit dans leur programme, ce qu'ils font professionnellement.

Le fait que la gardienne ait également aidé d'autres personnes qui avaient changé d'avis et admis le tort de leurs propres actions, suggère qu'elle aussi a été incluse dans le programme pour identifier les repentants et les diriger vers Dieu pour une rééducation. Elle travaille selon ses instructions.

Dans le monde terrestre, au contraire, le diable a envoyé beaucoup de son peuple dans les rangs de l'humanité, dont la tâche est de soulever des doutes parmi les lecteurs dans nos informations avec leurs critiques et autres attaques contre les auteurs, ce qui fait tomber les sceptiques au niveau de l'enfer correspondant. C'est-à-dire que dans la lutte pour notre Enseignement ou contre lui, un groupe d'individus négatifs abaisse les âmes des sceptiques et des incroyants, et un autre groupe, les serviteurs de l'Enfer, élève ceux qui se repentent de cela et croient au Nouvel Enseignement.

Ajoutons ce qui suit qu'à tous les Niveaux de l'Enfer il y a des préposés négatifs, dont le programme est écrit pour protéger et diriger les âmes vers le haut, les pécheurs purifiés et repentants.

CHAPITRE 4
COMPLICATIONS DE L'ÉDUCATION RESPECT DES LOIS - OBTENTION DE L'IMMORTALITÉ

Lecteur. L'univers est plein d'objets éternels et de formes d'existence vivantes. La hiérarchie positive et négative de Dieu est déjà pleine d'êtres immortels en ce moment. Mais comment faire pour apprendre à une personne à être éternelle?

Réponse. À première vue, cela semble impossible. Si vous regardez la question d'un côté, plus banal et matériel, il devient évident qu'il n'y a pas d'exercices de yoga ou d'élixirs de jeunesse qui permettraient au corps humain de récupérer périodiquement et de vivre indéfiniment.

Mais d'un autre côté, plus global, cette question s'ouvre de manière inattendue dans une nouvelle perspective, et il devient clair que ce que ni les exercices physiques, ni les solutions chimiques et les boissons de diverses plantes ne peuvent faire, l'éducation élémentaire le peut. Ici, on peut citer le postulat suivant:

"Seule l'éducation et le développement correct d'une personne peuvent la rendre éternelle et lui ouvrir les portes de l'immortalité."

Il n'y a rien de surprenant ici. C'est l'éducation et le développement qui peuvent rendre chaque individu éternel.

Le respect des lois de la paix et du comportement dans la société sont les principales tâches que toute personne venue dans le monde terrestre doit apprendre. L'accomplissement des lois, des règles, des normes conduit à des constructions précises à l'intérieur des cellules de la matrice de l'âme, de sorte qu'en conséquence, les lois externes du monde passent dans les lois internes de l'âme, ses fonctions et une structure solide, qui ne peuvent plus être détruites par les potentiels puissants des mondes de l'Univers.

Tout ce qui est construit correctement répond aux exigences de force et, par conséquent, l'éternité, par conséquent, l'accomplissement des lois et des normes forme chaque personnalité dans ses processus immortels d'existence, ce qui explique la sévérité des exigences du Très-Haut dans leur exécution. Et l'éducation est le guide qui aide à ne pas faire d'erreurs et indique comment construire les fonctions de l'éternité avec précision avec un minimum d'effort et un coût de correction. Avec l'aide de l'éducation et de l'obéissance, son développement peut être accéléré 2 fois, ce qui signifie, et l'aborder 2 fois plus vite que sans éducation.

GÉRER VOUS-MÊME

Comment se débarrasser de certaines qualités négatives.

Lecteur. Chers auteurs, merci pour vos livres incroyables et économes!

Votre enseignement est devenu un repère et cette "lumière au bout du tunnel"! Grâce à votre littérature, je travaille sur moi-même et j'essaie d'être la meilleure personne, hautement morale, bien que ce ne soit pas facile dans notre société. Grâce aux textes à haute fréquence, la conscience augmente, et je remarque déjà de nombreux vices en moi: je traque la présence d'orgueil, d'envie ou de condamnation dans mes pensées.

Dites-moi, comment pouvez-vous vous en débarrasser ou les déformer?

Réponse. On ne peut pas se débarrasser rapidement de ses défauts et de ses vices, tout comme il est impossible sans l'aide des Supérieurs de «transformer» une pensée négative déjà créée. Tout prend beaucoup de temps et le travail intense de l'âme elle-même.

Lorsque vous ressentez l'émergence de l'orgueil, de l'envie ou de la condamnation des autres dans vos pensées, vous devriez d'abord essayer de changer votre façon de penser. Par exemple, vous devez réfléchir à ce que vous devez faire le soir, etc. Et quand, de cette manière, vous apprenez à éteindre les désirs et les émotions négatifs qui surgissent en vous-même, puis progressivement, par votre propre volonté, acquérez la compétence de travailler uniquement avec votre base d'âme positive (une personne ne peut pas rester sans émotion pendant longtemps, et s'il sait comment arrêter le travail par le pouvoir de ses pensées manifestations négatives de son caractère, puis il passe automatiquement à la formation de sensations à partir des émotions de son côté positif), donc les neutralisants de vos défauts commenceront à fonctionner, à savoir les qualités qui leur sont opposées dans leur structure. Autrement dit, l'orgueil sera affaibli par l'influence de l'humilité et de la douceur, l'envie - par la bienveillance, la condamnation - par la joie sincère pour quelqu'un.

Le négatif neutralise-t-il les souhaits positifs.

Lecteur. Nous nous trouvons parfois dans des situations stressantes qui provoquent des émotions sombres et des pensées négativement chargées. Tout cela nuit à la fois à la personne et au monde qui l'entoure. Est-il possible avec l'aide de pensées positives de neutraliser la négativité générée par une personne?

Par exemple, avant d'aller au lit, dites mentalement: «Toutes ces mauvaises pensées et émotions que j'ai générées au cours de la journée passée, laissez-les se transformer en énergie d'amour et de bonté et apportez bonheur et lumière à ces personnes auxquelles le mal et le mal pensaient. Et que l'énergopotentiel de cette pensée dépasse l'énergopotentiel négatif total du négatif que j'ai créé, à la fois avec une mauvaise pensée, un mauvais sentiment et une action. " Une telle pratique de méditation pourrait-elle avoir un effet?

Réponse. La pensée, le sentiment, l'action négatifs ne peuvent être détruits ou neutralisés par un simple désir d'une personne. Pour ce faire, vous devez montrer l'effort approprié, effectuer certaines actions. Si une pensée négative est créée, elle se transforme immédiatement en une certaine image mentale et s'envole vers l'égrégore correspondant, contribuant à une augmentation de son volume. Par conséquent, il faut apprendre à supprimer l'apparition de pensées négatives en soi, mais lorsque les civilisations changent, les égrégores sont effacés par les Supérieurs.

Aussi, les actions négatives doivent être éteintes en soi par l'action opposée. La même chose s'applique aux sentiments, aux émotions. Nous devons nous efforcer de restreindre leur apparence en nous-mêmes, apprendre à nous contrôler. Une personne doit apprendre à se gérer de différentes manières. Il existe maintenant de nombreux enseignants et pratiques différents pour cela, qui ont déjà été testés par la vie et fonctionnent correctement.

Cependant, maintenant, plusieurs apprennent à ne pas se contrôler, mais à influencer négativement d'autres personnes indésirables. Et c'est très faux. Avec de telles attitudes dans la vie, il y a une guerre silencieuse et silencieuse les uns avec les autres, les gens utilisent différentes conspirations, méthodes pour asservir la volonté et subjuguer une autre. Pour un regard détesté, les mauvais mots prononcés, ils font délibérément des pannes dans l'aura d'un étranger, de sorte que l'énergie s'écoule d'eux, et il devient plus faible.

À l'heure actuelle, les ragots sont à la mode dans le monde, quelqu'un a dit quelque chose de mal à propos d'une personne décente, d'autres ont ramassé et sont allés faire des potins, la foule d'une personne bien élevée et lui faisant du mal. Et les mauvais mots, pensées, actions se précipitent après lui. Dans ce cas, il n'y a qu'un seul conseil: si une personne ne vous a rien fait de mal, n'essayez pas de transmettre des calomnies négatives à son sujet aux autres, n'essayez pas de lui jeter des regards de côté, de mauvaises pensées. Les commérages sont créés spécialement par des personnes du Système négatif, afin de détruire et de tromper les personnalités positives, afin d'inciter contre elles ceux qui cherchent des ennemis pour eux-mêmes et eux-mêmes ne sont pas capables de faire la distinction entre le bien et le mal, et ne laissent donc dans le monde que ceux qui les oppriment. C'est ainsi qu'une personne passe par des tests pour tester la force de l'Esprit et la stabilité des qualités positives.

De fausses informations sont même maintenant mises en ligne, ce qui rapporte beaucoup d'argent. Une «presse jaune» vaut quelque chose.

Mais peu importe à quel point nous exhortons à apprendre à distinguer le bien du mal, même certains de nos lecteurs ne veulent pas maîtriser cela et sont plus disposés à aider le mal que d'essayer de restaurer la vérité, le bien et la justice. Par conséquent, l'injustice se multiplie dans le monde, et elles-mêmes s'aggravent du mal fait, car il leur revient immédiatement.

Tout a de grandes conséquences karmiques et un jour cela reviendra à une personne dans une version détériorée, et encore une fois, il sera très mauvais. Et il ne s'en débarrassera jamais tant qu'il n'aura pas appris à se gérer et à faire du bien aux autres, ou du moins à ne pas offenser ceux qui sont à côté de lui.

Ne multipliez pas le mal, multipliez le bien. La simple logique de restaurer non seulement soi-même, mais aussi tout le monde environnant fonctionne ici. Rappelez-vous, le Paradis est construit sur les fondations du bien et l'Enfer est construit sur les principes du mal.

ÉDUCATION PAR DES PERSONNES INDÉSIRABLES

Lecteur. Si les Supérieurs* composent un programme* de vie et d'actions pour une personne, alors pourquoi il y a des moments qui ne sont pas souhaitables pour le développement général de l'individu. Parfois, le destin le confronte à des personnes avec lesquelles il ne veut rien avoir en commun (par exemple, des alcooliques, des toxicomanes, des voleurs, des escrocs), mais il doit même vivre avec eux sous le même toit. Est-il donné pour l'éducation et la formation?

Réponse. Une personne est confrontée à des personnes clairement mauvaises ou dégradées, de sorte qu'elle apprend simplement à distinguer le bien du mal, conduisant une personne à l'état de toxicomanes, d'alcooliques, afin qu'elle apprenne à analyser ce qui a conduit l'individu au fait que l'individu s'est perdu, sa volonté.

La religion prétend que dans certains cas, «la pire personne sera le meilleur enseignant pour vous». En interagissant avec lui, l'individu apprend tout d'abord la capacité de communiquer avec tout type de personnalité basse, la patience et la vision des lacunes du comportement d'autrui. Deuxièmement, avec une telle vision, les qualités nécessaires sont construites dans la matrice humaine, même si extérieurement ce processus peut souvent paraître inhumain. Disons qu'un voleur cherche un complice pour lui-même, de sorte que quelqu'un l'aidera, le garde à l'extérieur pendant qu'il vole un magasin afin qu'il ne soit pas surpris sur les lieux du crime. Mais si une personne refuse et essaie même de raisonner avec lui avec ses poings, alors de ce côté, cela semblera inhumain pour le voleur et très positif pour l'âme du «manifestant», car il refuse de pécher avec lui.

De plus, lorsque l'âme rejette le comportement inacceptable d'une autre personne, elle s'élève plus haut.

COMBATTEZ AVEC VOUS-MÊME. DÉTRUIRE LE MAL EN VOUS-MÊME

Lecteur. Les Supérieurs peuvent-ils donner des éclaircissements sur la déclaration suivante: un homme doit combattre le mal. En quoi devrait-il voir la victoire sur le mal du point de vue des Supérieurs? Quelles recommandations et règles standard, adaptées à toutes les situations de lutte contre le mal, les Maîtres Suprêmes peuvent-ils donner?

Réponse. Pour toutes les situations de lutte contre le mal, il existe des Lois. Vous devez apprendre à les utiliser contre vos ennemis.

Lecteur. Pouvons-nous dire que tout mal vient toujours des désirs et des motivations viles et «noirs» d'une personne? Après tout, si le propriétaire endort un chien bien-aimé souffrant de vieillesse et de maladie, souhaitant mettre fin à ses souffrances, c'est une chose. Et s'il lui a tiré dessus, jeune et en bonne santé, parce qu'elle aboie et interfère avec le sommeil la nuit - c'est autre chose.

Réponse. Oui, on constate précisément que le mal sort de la nature basse des gens, de leurs penchants égoïstes, qu'il est obligé de conquérir en lui-même s'il veut se développer dans un sens positif. Tant qu'une personne est sur Terre, elle a la capacité de surmonter tous les vices en elle-même et d'élever son âme vers les mondes divins. Pour cela, il a eu le temps de lutter contre les vices, jusqu'à la fin de la 7e race. Mais plus tôt une personne surmontera tous les vices en elle-même, mieux ce sera.

Lecteur. Est-il vrai de comprendre que sous la lutte contre le mal pour un individu positif, tout d'abord, on devrait signifier sa victoire sur son négatif intérieur? Par exemple, **ne vous réjouissez-vous pas de la victoire physique sur l'ennemi, mais de la victoire sur votre peur de lui, de la volonté manifestée, grâce à laquelle la résistance a été résistée et le mal a été empêché?** Est-il vrai de comprendre qu'un individu positif devrait se réjouir davantage que le mal est devenu bien, et non que cela s'est avéré plus faible que le bien et a été vaincu?

Réponse. Oui, vous expliquez correctement. Tout le mal est dans une personne et, détruisant le mal chez une autre, il le cultive en lui-même.

Le mal doit être prévenu et non vaincu. L'agression qui existe chez un animal, en tant que qualité, peut renaître en bien, mais le mal lui-même est incapable de devenir bon, puisque la totalité de nombreuses qualités négatives a déjà formé l'individu en tant que personnalité sombre transmise au Diable. Et puis cette personnalité se développera dans un Système négatif. Autrement dit, il existe un Niveau auquel le mal peut être transformé en bien, et après avoir traversé sa frontière, il devient impossible de le faire.

QUI FAIT LE PLUS GRAND MAL:
INDIVIDUEL POSITIF OU NÉGATIF

Nous ne répéterons pas la question, car elle ressort clairement du titre. Nous allons donner une réponse tout de suite.

Réponse. Peut-on dire qu'un individu positif dans une situation identique par son contenu peut commettre plus de mal qu'une personne négative? Par exemple, la nuit, il a vu dans un endroit désert un homme ivre dormant sur un banc. Il a la possibilité de passer sans le toucher, mais il vole l'étranger, profitant de l'occasion. La même situation, mais avec un individu négatif. Il vole également la victime, car il ne peut pas agir autrement - le programme impératif du Diable l'a forcé à commettre des actes criminels.

Par rapport à la victime, le degré de culpabilité et de mal est le même dans une situation donnée, sauf pour d'autres choses. Mais par rapport à son âme, il a créé un mal positif, car il avait le choix et pouvait simplement passer sans toucher la personne. Et puisque le choix est fait négatif, alors l'âme a acquis des énergies négatives, et il peut arriver que la partie négative de l'âme ait dépassé la partie positive, ce qui peut finalement la conduire à tomber dans le Système négatif. Dans ce cas, une personne a commis un plus grand mal par rapport à elle-même.

Lecteur. Pouvons-nous dire que l'individu négatif, pour ainsi dire, n'a même pas commis le mal dans ce cas, mais a seulement fait un autre pas dans son développement négatif? Mais c'était le positif qui faisait le mal. Il ne pouvait pas commettre de vol, mais il convoitait la richesse des autres pour des raisons cupides.

Réponse. Oui, l'acte d'un individu positif avec le vol doit être considéré comme un acte coupable, en comparaison avec un individu négatif qui progresse de cette manière. Le premier l'a fait consciemment, et le second - robotique, pas consciemment, selon un programme de développement dans une direction négative.

Mais le négatif après la mort ira immédiatement à sa demeure chez le Diable, et le positif, puisque Dieu se bat pour son âme, descendra d'abord au Niveau correspondant de l'Enfer et il sera purifié des énergies du vol, après quoi il sera retourné au monde terrestre pour continuer le développement et l'accumulation de la qualité d'honnêteté.

Pour ce faire, il s'inscrira à plusieurs reprises dans ses situations de programme qui, à travers la lutte contre la tentation de s'approprier celle d'autrui, finiront par développer en lui non seulement les qualités d'honnêteté, mais même les qualités parallèles de combattre d'autres voleurs. Il est si difficile de développer certaines qualités positives chez certains individus, qui captent bêtement des énergocomposants négatifs. Cependant, la plupart des jeunes âmes sont d'abord honnêtes.

COMMANDEMENT "AIMEZ VOTRE ENNEMI"

Lecteur. Quelle signification cosmique est inscrite dans le commandement de Dieu: aimez votre ennemi? Après tout, vous ne rencontrerez pas des interventionnistes militaires à mains libres aux frontières de votre patrie?

Réponse. Vous avez présenté la question d'une manière amusante.

Cette phrase: «Aimez votre ennemi» - doit être comprise comme suit: «Ne supportez pas le mal avec une violence réciproque». Autrement dit, tous les désaccords entre les parties doivent être résolus d'une manière pacifique qui satisferait chacune des oppositions. Et cela implique que les ennemis doivent modérer (réduire)* leurs désirs et se contenter de certaines normes d'existence mutuelle.

APPRENDRE À NE PAS ETRE EN MAUVAIS TERMES L'UN AVEC L'AUTRE

Lecteur. Pendant la guerre froide, lorsque les États-Unis avec les pays de l'OTAN qui se développaient sur la voie capitaliste se sont opposés à l'URSS et aux pays du Pacte de Varsovie qui construisaient le communisme, la guerre froide s'est exprimée dans la course aux armements nucléaires.

Les Supérieurs voulaient-ils apprendre aux opposants politiques (capitalistes et communistes) à ne pas être en inimitié les uns avec les autres (pour cela il y avait un «rideau de fer», la production de missiles nucléaires), mais à coopérer efficacement?

Après l'effondrement de l'URSS, l'hégémonie des États-Unis a commencé, ils ont commencé à organiser des guerres et des révolutions dans les pays du tiers monde, poursuivant des objectifs égoïstes (la lutte pour un pétrole de haute qualité, par exemple). Une telle situation peut-elle montrer les conséquences de la destruction de l'un des systèmes hiérarchiques opposés? Autrement dit, la destruction mondiale de la structure économique et politique mondiale établie a commencé. Ou mes pensées sont-elles fausses?

Réponse. Les Supérieurs ont toujours voulu apprendre aux gens à ne pas être hostiles, mais à résoudre les problèmes de manière pacifique. Cela sauve la force de tout pays pour une hostilité inutile et favorise le développement de la pensée des gens dans une direction positive. Mais une personne, en raison de son égoïsme et de son désir d'être la première, transforme les aspirations positives en objectifs négatifs qui donnent lieu à des guerres «chaudes» et «froides». L'égoïsme ne permet pas à une personne de sauter poliment devant une autre, reconnaissant la justesse de sa primauté.

La situation créée dans la période actuelle ne contribuera pas à la destruction de l'une des Hiérarchies célestes, mais l'humanité passera complètement sous la direction du Système positif. Il était initialement prévu qu'à la fin de la 5ème race, sa séparation complète se produise à la suite des processus politiques que vous avez exposés ci-dessus. La question portait uniquement sur le rapport quantitatif des âmes qui se produit lorsqu'elles choisissent des actions oppositionnelles. Il est prévu de retirer tous les serviteurs du Système négatif de la Terre avant le début de la 6ème race. Ils iront dans leurs mondes négatifs.

La sixième race ne sera créée qu'à partir de personnalités positives (et de personnes négatives de Dieu, mais leurs qualités d'âme sont quelque peu différentes de celles des individus négatifs du Diable). Disons clairement que Dieu a aussi ses individus négatifs. Celles-ci incluent des personnalités négatives qui progressent sur les énergies lumineuses (c'est-à-dire que leur développement ne passe pas par de mauvaises actions: combats, suppression des autres, une lutte acharnée pour la primauté, mais par la compréhension des sciences calculatives, qui remplissent l'âme d'énergies négatives, mais légères). Cette question est détaillée dans les livres "Phénomène de l'âme" et "Choix de l'âme".

QUESTIONS DE L'ÉDUCATION

Pédant obsessionnel.

Lecteur. Quels conseils pouvez-vous donner à un pédant compulsif dans la vie de tous les jours s'il veut aller dans une direction positive? Votre point de vue est très important.

Réponse. On peut conseiller à une telle personne d'essayer de changer progressivement ses habitudes et de soutenir les autres. S'il ne réussit pas, cela signifie qu'il appartient déjà au Système négatif. Les proches ne peuvent que le supporter et, dans des limites raisonnables, s'adapter à ses exigences.

Quand on est offensé.

Lecteur. Si l'on est offensé, cela arrive-t-il toujours à cause d'actions commises dans cette vie ou dans des incarnations passées? Pourrait-il y avoir d'autres raisons à cela?

Réponse. Oui, ce peuvent être des raisons venant à la fois de la vie présente et du passé. Mais il y a encore une troisième raison - l'éducation d'une personne.

On offense pour qu'une personne apprenne la légitime défense et sache défendre ses intérêts en se défendant en tant que personnalité.

La défense comprend le développement de nombreuses options: l'autodéfense physique; défense utilisant des arguments et des faits contre les attaquants; ne réagissant d'aucune façon à des attaques verbales, essayant de ne pas répondre par le mal au mal et en même temps se tenant dignement. Le silence neutralise souvent bien l'agression de l'ennemi, à condition que vous ayez votre propre comportement décent, c'est-à-dire que vous ne pouvez jamais montrer que vous avez peur de quelqu'un; vous devez prétendre que vous êtes indifférent à l'ennemi. Après avoir étudié les lois juridiques, vous pouvez également vous défendre facilement avec leur aide, sachant ce qui menace votre adversaire au tribunal en fonction de ses attaques contre vous.

Justice en 2017-2018.

Lecteur. Est-ce que tout dans la vie d'une personne est juste?

Réponse. À l'heure actuelle, les lois du Diable dans la société humaine prévalent en raison de la dégradation de la société. Par conséquent, l'injustice l'emporte sur la justice. La cupidité et les arrachements d'argent gouvernent sur Terre.

TRAVAIL SUR LES QUALITÉS DE VOTRE AME

Accumulation des qualités.

Lecteur: «Je fais constamment des rêves dans lesquels j'expérimente des odeurs, des goûts, toutes les fonctions naturelles. Sentir que je vis une autre vie avec des problèmes assez sérieux. Traitez-le comme des rêves ordinaires, ou est-ce autre chose? "

Réponse. Votre Déterminant à travers les rêves accélère votre raffinement de certaines qualités et compétences inhérentes au corps physique. Cela contribue à un développement accéléré. Peut-être que le Maître Céleste fait une expérience avec vous, concernant le développement des qualités dans le même volume en une vie qu'il accumule en deux vies, parce que le corps physique d'une personne a pris du retard dans son développement.

Incarnation de l'excursion.

Lecteur. Dites-moi s'il vous plaît: y a-t-il des cas où une âme humaine reçoit temporairement la vie selon le programme du Diable afin de la familiariser avec une version rigide du développement? Par exemple, ils ont donné une fois pour s'incarner en tant qu'individu négatif avec la possibilité après la mort de tirer une conclusion pour eux-mêmes. En ai-je besoin? Autrement dit, un mode de réalisation d'excursion peut être?

Réponse. Il ne peut en être ainsi. Après tout, une personne a le choix et de nombreuses situations difficiles, qu'elle traverse de manière incorrecte, gagnant tellement de négatif en lui-même que cette expérience suffit pour comprendre s'il a besoin de négatif. Très probablement, un programme rigide est donné afin d'accélérer le développement de certaines qualités et compétences de la vie. Cela arrive parfois.

ENSEIGNANT ET ÉTUDIANT NÉGATIF

Lecteur. Dans les cours à l'école, les élèves négatifs commencent à se comporter de manière inappropriée: par exemple, ils parlent à haute voix, intimident d'autres élèves. Ainsi, un enseignant positif est provoqué par eux à des émotions négatives, vous devez vous mettre en colère, une irritation apparaît et parfois de la colère. Les négatifs poussent-ils l'enseignant à libérer des énergies négatives, ou d'autres buts sont-ils poursuivis? Quelle est la meilleure façon de se comporter en enseignant dans de telles situations propices aux conflits?

Réponse. Le but de tout élève négatif est de provoquer l'enseignant et les autres, leur causant des émotions négatives et corrompant la discipline de la classe avec leurs actions inconvenantes. Ainsi, ils montrent un exemple d'impunité et de permissivité, qui contribue à l'exaltation de leur ego personnel à leurs propres yeux et aux yeux d'autres étudiants, qui, malheureusement, ne comprennent plus maintenant comment se comporter, en raison de l'absence totale de la bonne école d'éducation. Il y a beaucoup de jeunes âmes parmi eux qui prennent cela comme un modèle de comportement, considérant que de telles actions sont cool. Et en conséquence, le mauvais fondement immoral des relations dans la société est posé. C'est ainsi que nous développons un nouveau lot d'âmes négatives futures.

Il est nécessaire de réagir à de telles explosions négatives dans le comportement sans émotion. Sans faire semblant, vous pouvez proposer à l'amiable un tel individu, s'il n'est pas intéressé par une activité, alors vous ne pouvez pas la visiter, mais faire une promenade au grand air. Autrement dit, pendant un certain temps, il peut être perturbé par quelque chose d'inattendu et se livrer à ses caprices. Il sautera volontiers, bien qu'ils préfèrent être au centre de l'attention, au centre du scandale.

Ainsi, au fil du temps, cet élève peut être transféré dans une école spéciale, où ces personnes devraient être formées. Il y en a beaucoup comme lui, et il leur sera plus difficile de choisir eux-mêmes un candidat pour les provocations, même si dans ce cas tous les négatifs peuvent déjà prendre les armes contre l'enseignant, qui à la fin peut devenir la seule cible pour former leur esprit. Et ici, une forte volonté est exigée de l'enseignant. Cependant, il existe une autre arme contre de tels étudiants: la ruse. Il est tout à fait possible de l'appliquer à de tels étudiants.

La ruse est généralement une qualité spéciale qui, dans les mondes inférieurs, peut être utilisée à la fois par des individus positifs et négatifs. Les gens de Dieu peuvent l'utiliser pour se protéger des attaques négatives. Et ces derniers l'utilisent généralement dans le but de tromper les âmes positives et jeunes, pour l'utiliser à leurs propres fins égoïstes: attirer de l'argent, des bijoux, des objets coûteux auprès d'autres personnes, et aussi pour les impliquer dans des situations difficiles. (Par exemple, le retour d'appartements sous caution, l'émission de toutes sortes de prêts douteux, etc.)

Lorsque vous passez à la hiérarchie de Dieu ou du Diable, cette qualité cesse d'exister. Au fait, il ne sera plus dans la 6ème race.

Mais si les négatifs atteignent le stade de l'anarchie et qu'ils ne peuvent être arrêtés par aucun moyen, il est nécessaire d'appliquer des sanctions, jusqu'à l'expulsion de l'école, imposer des amendes, etc. Il faut se rappeler que les négatifs sont souvent lâches, et il faut trouver le point ou le point faible qu'ils ne veulent le plus révéler aux autres, craignant que leurs faiblesses ne soient pas utilisées comme gouvernail pour contrôler l'élève négatif.

PERSONNE QUI LIT LES PHRASES A L'ENVERS

Lecteur. Dans l'émission télévisée "Amazing People", il y avait un gars qui lisait les mots à l'envers. Et si une offre était donnée, alors il la lisait au contraire dès le dernier mot. Quelle est la raison pour ça? Quelles accumulations dans la matrice lui ont permis de faire cela, et qu'est-ce qui pourrait y conduire, quelles actions dans sa vie passée?

Réponse. Dans les incarnations passées, cette personne pouvait être arabe, et elle lisait et écrivait de droite à gauche, de sorte que l'individu a accumulé la qualité de la lecture des informations des lettres dans l'ordre opposé à notre lecture, de gauche à droite. Autrement dit, la réaction automatique de la lecture des lettres a été préservée, lors de leur reproduction orale, dans l'ordre inverse. Par conséquent, lorsqu'il était incarné dans la nation russe, il a pu utiliser cette qualité lors de la lecture de mots russes.

APPLICATION DES VOIES D'EXECUTION À UNE PERSONNALITE LIBRE

Lecteur. Ne pensez pas que je me suis imaginé être un gars aussi intelligent qui a soudainement décidé d'enseigner à quelqu'un là-bas ou de lui chercher des erreurs. C'est juste qu'en étudiant vos livres, j'ai formé ma propre opinion sur l'être environnant. Il y avait quelque chose que je n'aimais pas dans son appareil. Par exemple, l'un des fondements de notre être est l'utilisation de voies d'exécution en relation avec des états spiritualisés.

Vous le savez vous-même: par exemple, les individus négatifs, les Substances du Temps, et quelques autres là-bas se développent selon des programmes rigides. Autrement dit, pour être bon pour quelqu'un d'autre, quelqu'un doit assumer la partie la plus difficile du travail. Deuxième point. Pour que quelqu'un se développe dans l'amour et la bonté, acquérant la spiritualité divine, les autres doivent devenir des destructeurs, les privant à jamais de l'occasion de ressentir le sentiment sublime de la fuite de l'âme de ses efforts vertueux. Autrement dit, les représentants du système négatif en sont privés. J'ai pensé: comment faire pour que chacun puisse se développer dans l'amour et la bonté.

Et j'avais mes propres idées à ce sujet. Je veux les partager avec vous.

Voici mes pensées.

Imaginez une âme avec la construction suivante (haltère de sport). Chaque partie contient nécessairement l'énergie de connexion de l'amour. Dans le même temps, les énergies positives lumineuses s'accumulent dans une moitié et les énergies négatives lumineuses dans l'autre. Ces deux moitiés sont, pour ainsi dire, dans un état relativement déconnecté. Autrement dit, il y a une connexion, mais ils ne peuvent pas échanger des énergies entre eux, cela bloque la charge négative de séparation entre eux.

Afin de surmonter sa force, un individu en développement doit accumuler par des actions positives des énergies positives lumineuses et négatives légères dans deux parties de son âme et augmenter l'énergie d'amour en elles. Dès que la force totale des énergies d'amour dans ces deux moitiés de l'âme est plus forte que la charge négative séparatrice, elles se réuniront pendant un certain temps pour échanger des énergies entre elles, afin de se séparer temporairement à nouveau. Vous demandez: "Pourquoi est-ce nécessaire? Qu'est-ce qui ne vous convient pas dans votre âme?"

Je réponds. La souffrance, comme vous l'écrivez dans vos livres, est un bon éducateur des nobles qualités de l'âme. Imaginez maintenant ce qui suit: lorsque l'âme est relativement déconnectée, elle est dans un état de souffrance. Et elle souffre de la même manière qu'une mère aimante souffre de la séparation de son enfant. Le seul moyen de s'en sortir est d'accumuler l'énergie de l'amour et d'autres énergies nobles afin de vaincre une particule de mal dans l'âme elle-même, qui sépare la charge négative.

La récompense pour un individu qui a sincèrement fait du bien sera la réunification temporaire des deux moitiés de son âme, accompagnée d'une grande félicité spirituelle. L'âme acquerra un état positif de réunification pendant un certain temps. Et puis il sera à nouveau séparé par une charge négative dont la force devra à nouveau être vaincue. C'est juste que lorsque chaque âme souffre d'un état de séparation négatif, elle ne poursuivra pas les plaisirs et ne pensera pas faire le mal, mais se battra avec lui en elle-même, comme un patient lutte contre une maladie.

Imaginez juste une fleur en fleurs est un état d'esprit négatif. Et un bouton floral fermé est un état positif. Voilà à quoi cela devrait ressembler. Mais chaque âme, aux prises avec sa souffrance intérieure, pourra se développer grâce à l'accumulation d'énergies d'amour et de bonté. Et la cultivation dans le mal est, je pense, une illusion. Tôt ou tard, toute Substance négative doit se rendre compte que la capacité de se sacrifier pour le bonheur et le bien universels est la plus haute qualité, le meilleur exploit pour toute personne. Et si l'âme ne peut pas la trouver, elle se sentira sans valeur. Tôt ou tard, le mal devra devenir bon. Sinon, il y aura une impasse dans le développement ultérieur ... Et quand vous arriverez dans le monde subtil, veuillez nous parler de cette idée d'un simple mortel. Peut-être que certains des Supérieurs seront intéressés par cette idée d'une nouvelle structure de l'âme.

Réponse. Votre idée est sans aucun doute intéressante, mais pour vérifier l'exactitude de sa mise en œuvre, il sera nécessaire d'étudier plus avant tous les mécanismes de travail des énergies oppositionnelles dans l'âme à la fois d'un individu positif et d'un négatif.

Si vous avez déjà de telles idées à ce stade de développement (vous pouvez dire la première), alors à l'avenir, ou plutôt, déjà dans la sixième race, vous aurez la possibilité de mettre en œuvre cette idée vous-même. Le monde physique est un monde expérimental. De nombreuses expériences différentes avec les âmes y sont réalisées. Et vous-même à l'avenir, si vous n'abandonnez pas la mise en œuvre de votre idée au plus haut stade de développement, vous pourrez retracer les changements qui se produiront dans le fonctionnement de l'âme elle-même et si quelque chose nécessitera des ajustements supplémentaires.

Pour cela, vous devez aller deux autres Hiérarchies (passer par l'Humain et le Divin terrestre), mais maintenant vous pouvez commencer à vous préparer pour votre travail de "diplôme" et identifier tous les avantages et inconvénients de travailler comme une âme ordinaire (positive et négative) et l'âme de votre nouveau projet ... Cependant, vous avez toujours l'impression que certains moments vous restent inconscients. Il est nécessaire, tout d'abord, de réaliser et d'analyser d'où vient le mal, pour lequel il y a des individus négatifs dans l'Univers. Vous n'avez touché le négatif que dans l'apparence d'une personne et de son être, mais de nombreux autres processus, plus et moins réactions, qui ne ressentent rien, mais existent, apportant utile et inutile à l'Univers et aux autres mondes, fonctionnent en lui. La structure de l'âme est universelle, car elle convient à absolument tout: les âmes d'êtres, de processus, d'états différents. Comment, par exemple, selon votre principe de la structure de l'âme, se développera l'âme d'une pierre? Cette structure convient-elle au développement des Substances de Feu, de l'Esprit de la Forêt et d'autres qui ont une existence différente? Autrement dit, vous devrez acquérir plus d'expérience dans différents domaines de l'existence d'autres états vivants afin d'analyser votre idée en application à eux.

Cependant, la sixième race est la première race sur Terre, qui contiendra déjà partiellement votre idée du développement humain sans les individus pervers et négatifs.

CHAPITRE 5
QU'EST-CE QU'ÉDUQUE UNE PERSONNALITÉ.
INTRODUCTION ARTIFICIELLE DE L'HOMME EN
TENTATION - DE QUOI S'AGIT-IL?

La confiance comme provocation.

Lecteur. Les gens ont trop de tentations, alors en éviter une tombera définitivement pour autre chose.

Mais j'avais cette question. Disons qu'une personne, vivant dans le monde moderne, espérant la décence des gens et leur faisant confiance, laisse les portes non fermées, les choses sans surveillance, l'argent, prête de l'argent pendant un certain temps, etc. Une telle personne n'est-elle pas responsable de la soi-disant «provocation» des jeunes âmes positives, les conduisant à la tentation, à la tentation? Ou peut-il, au contraire, être considéré comme une aide à l'identification du mariage dans les âmes?

Les négatifs, à mon avis, passeront simplement par-là, ou, si cela est énoncé karmiquement par une personne donnée, ils "prendront" ce qui est "mal menteur" requis selon un programme strictement prescrit, il ne sert donc à rien de trop s'inquiéter, car il a payé partiellement votre dette karmique. (Ou, comme le dit le proverbe bien connu, que, disent-ils, "merci d'avoir pris l'argent.") Mais, pour être honnête, je veux vraiment vivre dans une société décente si délibérément confiante, quand vous n'avez pas à craindre d'être volé, trompé, infligé nuire à la santé. Et, peut-être, l'exemple de ces unités de pensée atypiques sera-t-il suivi par d'autres membres de la société.

Réponse. Il n'y a pas de provocation là-dedans, mais il y a «perte de vigilance» si la société reste vicieuse. Mais les Supérieurs peuvent avoir leur propre point de vue, Ils peuvent considérer que la qualité de vigilance chez une personne n'est pas suffisamment développée et, par conséquent, des situations appropriées de perte d'une partie de sa propriété matérielle peuvent suivre. Et il peut y avoir plusieurs situations de ce type avec des pertes. Mais cela lui sera envoyé non pas comme punition, mais comme actions pour développer des qualités: précaution et évaluation correcte des situations de la vie réelle.

La protection et la précaution devraient fonctionner

automatiquement chez une personne dans n'importe quelle situation, même la plus favorable pour la vie. Les gens devraient toujours se souvenir qu'ils continuent de vivre dans un monde très bas où tout individu est capable de faire tout ce qui lui vient à l'esprit du même système négatif qui le pousse, lui et les autres, à faire des erreurs.

Mais si une personne décide d'introduire quelqu'un dans la tentation exprès comme test, alors dans ce cas, le karma sera déjà accumulé par lui en raison de la création de conditions artificielles pour la chute d'un autre individu.

Conseils, éducation, développement.

Lecteur. En me souvenant de ma vie après avoir lu vos livres, je m'arrêtais parfois aux faits de confirmation de vos informations, par exemple, que j'étais souvent confronté à un choix: faire soit d'une manière ou d'une autre. Parfois, après avoir pris une décision, j'ai soudainement ressenti un frisson alarmant dans mon âme. En effet, le temps a montré plus tard que j'avais initialement suivi le mauvais chemin. Et c'est arrivé, au contraire: après avoir fait un choix, je me suis sentie chaleureuse et calme. Et puis le temps a montré que j'avais tout bien fait. J'étais intéressé par ces sensations. Qu'ont-ils exprimé: est-il possible de les prendre pour les invites de l'âme ou du cœur d'une personne?

Réponse. Tout à fait juste, vous avez correctement capturé votre sentiment intérieur. Ce sont ces sensations que vous décrivez qui indiquent à l'âme qu'elle a fait le bon ou le mauvais choix, ce qui signifie qu'elle doit analyser soigneusement toutes ses actions et se souvenir de cette situation comme une expérience positive ou négative dans sa vie.

Conseils du Maître Céleste.

Chacun enseigne, éduque, essaie de s'assurer qu'il ne commet pas d'erreur: même les Déterminants de leur hauteur lui donnent des indices, envoient des signes, des impulsions, et dans ce cas ils le punissent. Enseignants - dans les écoles, instituts; les parents sont à la maison; au travail - contremaîtres, gestionnaires; dans la famille - mari (épouse), grands-mères, grands-pères; les enfants s'instruisent mutuellement sur les relations. Et ce n'est pas une exagération. C'est ainsi que fonctionne la communauté humaine.

Prenons un exemple concret de la façon dont le Déterminant donne un indice à l'élève, souhaitant qu'il évite les erreurs. Un lecteur raconte ce qui suit: «Je suis souvent tourmenté par les nombres 28 et 8, surtout sur la montre, je suis moi-même né le 18/06/93, récemment et j'ai encore des numéros pour une voiture 387: la somme est de 18; j'ai heurté cette voiture deux fois et c'est assez banal. un conducteur expérimenté, mais comme s'ils m'avaient parlé. Y a-t-il une sorte de protection contre la calomnie? Peut-être que le pentagramme est applicable, une étoile dans un cercle, faites-le et emportez-le avec vous. Cela vous aidera-t-il? 18 est, pour ainsi dire, le nombre du destin ne partez pas, ne vous enfuyez pas Que pensez-vous de cela? Merci d'avance, j'attends avec impatience une explication.

Réponse. Dans la vie de chaque personne, il y a des nombres importants lorsque des événements importants se produisent et dans lesquels des avertissements sont donnés. Ils peuvent soudainement apparaître dans le journal que vous avez ramassé (alors vous devriez l'étudier attentivement et trouver ce pour quoi il est entre vos mains), ou sur l'horloge, sur l'écran du téléviseur, sur la plaque d'immatriculation d'une voiture qui passe, etc. De manière générale, il faut être vigilant lorsque ce numéro est pris en compte, et c'est aussi un signe pour recevoir des informations pour vous.

QUELLES QUALITÉS SERONT ABSENTES CHEZ L'ÂME LORS DE LA TRANSITION VERS LA HIÉRARCHIE DE DIEU

Lecteur. Les deux Substances positives dans la hiérarchie de Dieu et les Substances négatives élevées de la hiérarchie du Diable ont les qualités de haute conscience, de devoir et de responsabilité. C'est leur similitude. Mais quelles énergoqualités spécifiques dans la matrice du subconscient ont les négatifs, qui n'apparaîtront jamais dans la même matrice pour les positifs? En termes simples: quelle est la spécificité dans la perspective, l'attitude des Substances négatives du Diable, qui les distingue toujours des Substances positives de Dieu, et vice versa?

Réponse. En passant à la hiérarchie de Dieu, un individu positif manquera complètement de qualités telles que: haine de tout inférieur, soif de pouvoir et soumission à soi-même des autres, vindicte, désir de s'approprier quelqu'un d'autre, agressivité, cupidité, envie, etc. Toutes ces qualités apparaissent dans les personnalités positives aux stades inférieurs de développement, mais dans le processus d'ascension vers les Niveaux de développement, elles sont nettoyées après la mort jusqu'à ce que l'individu se rende compte de manière indépendante que ces qualités ne devraient pas être développées. Et plus loin, à partir d'un certain niveau, il commence à se former en qualités positives.

PROGRAMME CRÉATIF PENDANT LA TRANSITION DE L'ÂME VERS LES NÉGATIFS

Lecteur. Une personne a un programme de créativité. À partir de quel moment de développement apparaît-il chez la personne ?

Quand l'âme va sur le chemin négatif, est-elle bloquée?

Réponse. Le programme créatif se fixe immédiatement, à la création de l'âme et pour toutes les réincarnations. Lors de la transition vers le Système négatif, le programme créatif n'est pas bloqué, mais transféré à une autre forme de travail - par des nombres et des opérations de calcul sous le contrôle du programme de vie de la personne. Cela conduit à l'accumulation d'énergies d'opposition par l'âme.

Lecteur. Combien de personnes choisissent la voie optimale de développement dans leur programme?

Réponse. Une personne n'est pas capable de se développer sans erreurs. S'il ne dispose pas d'une base qualitative suffisante de concepts, il ne pourra jamais choisir le chemin optimal, car son inclusion nécessite l'énergopotentiel de l'âme d'une certaine taille. Par conséquent, si la puissance de l'âme est inférieure à l'indicateur d'énergie capable d'activer le chemin optimal, alors il fera un choix vers l'option avec des erreurs.

NÉGATIFS - SONT-ILS SECONDAIRES

Lecteur. Pouvons-nous dire que les individus négatifs dans la société sont de second ordre par rapport aux positifs?

Réponse. Non, vous ne pouvez pas le penser, car dans de nombreuses qualités professionnelles, les qualités négatives commencent rapidement à dépasser les positives. Si nous les comparons avec des valeurs positives, alors dans la prospérité du développement, elles surpassent les positives dans certains domaines. Mais d'une manière générale, on peut supposer qu'ils sont parallèles les uns aux autres. Il ne peut y avoir d'âmes de second ordre en développement, car le succès et le progrès de leur amélioration sont associés au temps: plus l'âme se développe longtemps, plus elle acquiert diverses qualités spéciales et devient plus intéressante dans sa manifestation. Par conséquent, il est important de ne pas sortir du développement évolutif, et le temps et les programmes vous transformeront un jour en génie par rapport au moment présent de votre cultivation.

TECHNIQUE ET SPIRITUALITÉ

Lecteur. La connaissance technique n'est-elle pas spirituelle? En effet, il y a beaucoup de gens honnêtes parmi les spécialistes techniques, intelligents, bien élevés, cultivés. Et un type de développement technique ne peut-il pas conduire une personne sur le chemin spirituel?

Réponse. Le développement technique est une branche d'amélioration complètement différente, qui n'intéresse pas Dieu et qui peut techniquement élever la civilisation à une hauteur digne, mais ne peut pas lui donner une vraie spiritualité.

Le développement technique doit au moins contribuer au spirituel et ne pas l'exclure complètement. Ce n'est que dans la symbiose de leur double existence que cela pourrait enrichir une personne avec ces types d'énergies et de concepts que les Supérieurs classent comme spirituels.

La technique a été donnée aux gens afin de les soulager du dur labeur et de libérer plus de temps pour le développement spirituel. Mais au lieu de cela, les gens ont commencé à passer leur temps libre non pas à accroître leur spiritualité, mais à toutes sortes de plaisirs et de passe-temps vides, de sorte que le chemin technique est devenu sec, pas propice au progrès des âmes humaines dans ces qualités qui étaient planifiées par le Très-Haut, à savoir les qualités des capacités paranormales. De plus, de nombreuses inventions techniques ont commencé à être utilisées non pas pour le bénéfice de l'humain, mais pour déclencher des guerres, intimider et asservir d'autres peuples, pour une course d'avantages techniques.

Tout en se développant spirituellement, une personne devait utiliser les meilleures innovations techniques: maintenir la propreté au quotidien et dans la nature, s'aider à organiser des conditions de vie confortables, parfois pour aider sa santé, aider à la circulation des personnes et des biens, pour un échange plus accéléré d'informations avancées, pour protéger votre maison, combattre les catastrophes naturelles, et plus tard - voler vers d'autres planètes afin de se familiariser avec les méthodes de développement de l'âme dans d'autres mondes et l'organisation de la vie parmi les extraterrestres plus avancés, échanger des expériences avec eux, etc.

Mais l'humain n'a pas seulement commencé à utiliser la

technologie pour la prospérité de son parasitisme, il a donc dépassé la limite de ce qui est permis, et d'une technique auxiliaire il est passé à la création de ses excès. Un niveau excessif de progrès technique ne visait qu'à satisfaire la cupidité sans bornes des gens, à créer des excès et à les poursuivre. Et cela conduit à la dégradation de toute la société.

Le chemin du développement spirituel comporte de nombreuses méthodes pour nettoyer les corps physiques de la saleté, ce qui contribue à l'accélération de la perfection des âmes, et développe également des superpuissances qui permettent, sans utiliser la technologie, de déplacer des objets lourds et de se déplacer dans l'espace sans nuire à la nature.

Autrement dit, tout ce que la technologie fait maintenant pour une personne, en faisant pousser un parasite hors de lui, le terrien devait le faire avec le pouvoir de ses pensées et le pouvoir d'extraordinaires capacités paranormales. Le chemin spirituel contribue à l'acquisition de superpuissances par une personne, par conséquent, la technologie devait être remplacée par des superpuissances de personnes, les transformant en demi-dieux

SPIRITUALITÉ HUMAINE

Lectrice. Comment déterminer si la spiritualité d'une personne est au moins approximative (faible, moyenne, élevée)? Le niveau de spiritualité d'une personne dépend-il de son apparence (je veux dire: du type de vêtement, des cheveux et de la barbe non coupés)? Je demande cela pour une raison, pourrait-on dire, je connais la réponse ... si la spiritualité ne dépend pas de «l'esprit», alors que dire de l'apparence, du moins pas dans ce cas.

Dans le chat de personnes partageant les mêmes idées, nous avons commencé à parler d'une personne respectée. Cette personne n'est pas seulement un génie, mais je pense que le niveau de sa spiritualité est au-dessus de la moyenne. Sur quoi sont basées mes hypothèses ... J'ai regardé un documentaire sur cet homme, et j'ai développé non seulement une opinion positive à son sujet, mais aussi un grand respect, et même, peut-être, de l'admiration ...

L'admiration pour ses qualités positives qui prévalent en lui. Il y a si peu de monde maintenant que j'aimerais admirer. Bien sûr, tout le monde n'est pas d'accord avec moi sur les qualités, c'est purement mon avis. Quelles qualités ai-je vu chez cette personne en particulier? Le fait le plus évident de sa positivité est qu'il n'est pas avide, il vit modestement, pourrait-on même dire, pauvre; juste, intelligent non seulement dans sa profession, mais est capable de répondre à n'importe quelle question, et cela nécessite que l'âme ait une vision large. Nous avons de telles personnes sont très rares.

Les amis et connaissances le considèrent "sincère, impeccablement honnête, responsable", il aime la musique classique, n'est pas vain.

Il est allé aux États-Unis et a surpris ses amis et collègues américains avec son ascétisme en tout.

J'ai vu en lui: l'intelligence, la moralité, la responsabilité, l'honnêteté, la modestie, la noblesse, la détermination, l'ascèse, la vanité est absente. De plus, le Très-Haut n'aurait guère donné la formule destinée à la 7ème race à une personne humble, et toutes les âmes capables ne pouvaient pas saisir cette information. Bien sûr, il est généralement admis que les bonnes actions, aider les autres, lire des prières, la créativité sont un indicateur de spiritualité ... mais nous ne pouvons tout simplement pas savoir si tout cela est présent chez une personne donnée, si elle est modeste et donc secrète et silencieuse. Il prend également soin de sa mère malade, ce qui en dit long.

Il me semble que seules ces qualités devenues visibles chez cette personne parlent déjà de sa spiritualité. À l'heure actuelle, tout le monde n'a même pas une qualité telle que - l'honnêteté ...

Bien sûr, il a aussi des qualités négatives. Personnellement, je me réfère à cela qu'il ne se rase pas, ne se coupe pas les cheveux, est reclus, ne veut pas de communication. Mais j'explique cela par le fait qu'il a beaucoup de travail.

J'aimerais, même en termes généraux, recevoir une réponse sur les qualités caractéristiques des personnes spirituelles. Et la spiritualité dépend-elle de l'apparence d'une personne?

Réponse. Nous avons spécialement laissé dans votre lettre une liste de toutes ces qualités que vous avez vues chez cette personne. Ils sont vraiment inhérents aux personnes spirituelles. La seule chose dans laquelle vous vous trompez un peu, c'est que vous avez classé les qualités de l'isolement et de la réticence à communiquer comme négatives. Si un individu est hautement spirituel, mais est obligé de se trouver dans une société qui n'est pas égale à lui-même dans le niveau de développement, alors cet environnement agira de manière déprimante sur lui avec son comportement bas, ses principes de vie et ses conditions d'existence. Naturellement, il formera un certain rejet de cette société, comme une nécessité temporaire forcée pour acquérir la tranquillité d'esprit personnelle et la recherche de la connaissance de soi individuelle. En règle générale, ces personnes se développent indépendamment, quelle que soit la société. Nous avons donné des informations sur l'existence de personnalités hautement spirituelles dans le monde inférieur dans le livre "Vie dans un corps étranger".

Mais la spiritualité ne dépend pas de l'apparence d'une personne, au contraire, l'apparence dépend de la spiritualité, car une personne spirituelle, dans la mesure du possible, cherche à s'habiller, même mal, mais toujours proprement, proprement et afin de ne pas s'aliéner ceux qui l'entourent. Ce type de personnes est divisé en deux catégories: la première catégorie s'habille très modestement, discrètement, mais proprement et proprement; la deuxième catégorie vise une sophistication subtile, harmonieuse et coordonnée des couleurs. La convenance est inhérente à leurs vêtements.

Les deux catégories ont leur propre goût individuel, elles portent toujours ce qui leur convient, et non ce qui est à la mode, cachant habilement les lacunes de leurs silhouettes sous leurs vêtements. Cependant, la négligence dans le costume qui apparaît dans certains d'entre eux (ecchymose, manque de boutons ou de cravate, non rasé, etc.) est due au fait qu'ils n'ont pas le temps de prendre soin d'eux-mêmes à une certaine période de temps, par conséquent, ils peuvent parfois aussi être hirsutes et négligence. Pour beaucoup, le travail passe avant tout et de temps en temps, ils s'oublient. À l'heure actuelle, il est trop tôt pour parler de la spiritualité des gens, car la connaissance spirituelle n'est que donnée et les gens n'ont pas encore eu le temps de la comprendre et de l'utiliser dans la pratique de la vie. La spiritualité n'apparaîtra que lors de l'assimilation de certains textes de nos informations, chargés d'énergies spécifiques de type spirituel et portant une énorme échelle de concepts sur l'Univers, les univers et les Mondes supérieurs. À cela, il est impératif d'ajouter une moralité élevée et le développement de ces qualités merveilleuses et élevées que vous avez identifiées dans la personne que vous avez indiquée.

Les Supérieurs, abaissant les enseignements du Christ sur Terre, espéraient qu'en l'an 2000 une personne acquerrait la spiritualité. Mais leurs espoirs étaient vains. Ils ont passé la moitié du temps consacré à leur développement à se battre les uns avec les autres et à valider leurs opinions sur ses enseignements. Quant à la fin du XXe siècle, nous avons demandé aux Supérieurs: "L'humain est-il spirituel?" Ils ont répondu avec regret qu'il était sans esprit. Sa spiritualité est toujours "conditionnelle", et ils l'ont dit uniquement pour ne pas le décevoir du tout. Il est donc trop tôt pour dire lequel de nos contemporains est spirituel et qui ne l'est pas. On ne peut que raisonner, comme maintenant, quelles merveilleuses qualités morales une personne a déjà acquises et ce qui lui manque. Ainsi, le début de la réalisation de la spiritualité ne fait que commencer, et il y a un travail acharné sur soi-même.

DÉSESPOIR

Lectrice. Le désespoir a-t-il une limite?
Comment y faire face?

Réponse. Le désespoir est toujours relatif, temporaire. Il faut se rappeler que ça passe, ça va et vient. Il vaut mieux y faire face avec l'aide d'amis, de parents, qui réchaufferont l'âme, vous réconforteront et vous aideront à trouver quelque chose qui vous permettra d'oublier la raison qui cause ce désespoir. Pour un tel rôle, les Supérieurs ont inventé une famille. Elle devait toujours soutenir une personne dans les moments difficiles, ensemble, il serait plus facile de résoudre les problèmes et de sortir de situations difficiles. Mais si la famille est absente, vous devriez aller chez des amis ou de bonnes connaissances, essayer de leur parler, partager ce qui vous opprime et vous inquiète. En dernier recours, vous pouvez aller voir un psychologue, lui parler de votre problème.

Le désespoir dans les cas extrêmes peut être surmonté en changeant le lieu de résidence, le lieu de travail. Autrement dit, vous devez rechercher, et la recherche vous aidera à vous débarrasser partiellement de ce sentiment d'agitation en vous, qui sert de frein à la vie normale.

Lecteur. Comment les personnes positives et négatives peuvent-elles apprendre à interagir les unes avec les autres avec dignité?

Réponse. Immédiatement, même entre de bonnes personnes, des problèmes surgissent dans les relations. Par conséquent, vous devez faire un effort, tout doit être appris: vous devez apprendre à obéir à la loi et à la discipline. Cela permet aux personnalités positives et négatives d'exister en toute sécurité, même dans des dimensions spatiales très limitées.

INDIVIDUS TRAVAILLANT SUR UN PLAN SUBTILE

Lecteur. Comment pouvez-vous voir les individus négatifs qui travaillent sur le plan subtil? Les verrons-nous un jour, découvrirons-nous ce qu'ils sont au moins à l'extérieur? Ceci est également purement à des fins cognitives.

Réponse. Pour contempler les individus négatifs dans leur forme naturelle, il suffit de s'élever au premier Niveau de la hiérarchie de Dieu. Et cela demande beaucoup d'efforts pour se développer. Il existe de nombreuses personnalités dignes à ce Niveau: concepteurs, calculateurs, inventeurs, programmeurs et autres.

Mais on peut aussi en voir des négatifs en descendant au premier Niveau de l'Enfer. Il y a beaucoup de serviteurs du Diable, et ils sont heureux de démontrer à tous ceux qui y parviennent de quoi ils sont capables. La condition de la descente est la présence d'un seul péché dans l'âme humaine. Vous comprenez vous-même que cela ne vaut pas la peine d'y arriver; il vaut mieux se contenter de voir les Substances négatives de Dieu.

Cependant, déjà dans la cinquième race, des personnes sont apparues capables d'ouvrir en elles-mêmes le troisième œil et la vision du monde subtil, en utilisant la vision astrale. Certaines personnes, au moment où l'âme quitte le corps matériel, continuent à voir non seulement des personnes physiques, mais aussi des êtres d'un plan subtil. Ils voient aussi les âmes des morts qui n'ont pas encore réussi à monter vers le Déterminant.

Et quand ils retournent à leur corps après la mort clinique, ils racontent ce qu'ils ont vu. Ces créatures n'ont pas toujours l'air agréables, de nombreuses formes effraient les âmes des morts. Pensez à l'océan terrestre. Combien de formes de vie différentes une personne y a vues après avoir commencé à utiliser du matériel de plongée, des bathyscaphes et d'autres équipements pour l'observation sous-marine des espaces aquatiques. Il y a beaucoup de telles créatures dans le monde subtil, il y en a à la fois terribles et dangereuses. Cependant, de nombreuses Substances négatives fonctionnent avec les âmes des gens, ressemblant extérieurement aux personnes, mais la matière de leur corps est différente, pour une personne, elle ressemble à une substance vaporeuse.

ÉNERGIE DE L'ARGENT

Lecteur. Je voudrais savoir de votre part en quoi se transforme l'argent de notre temps actuel en 6-7 race? Car L'argent est également une essence en développement et, si je comprends bien, dans le monde subtil, il acquerra une sorte d'équivalent énergétique. C'est juste que dans notre monde, en raison d'une mauvaise utilisation (ou plutôt de l'abus délibéré de cette ressource par quelqu'un), tout le système monétaire va bientôt s'effondrer, à condition, bien sûr, qu'il n'y ait pas de changement dans le système lui-même. Quel devrait être, à votre avis, l'idéal du système monétaire dans le monde physique, ou l'argent est-il une mauvaise façon de développer notre monde? Il serait intéressant de savoir comment ce problème est résolu dans des mondes physiques plus avancés.

Réponse. Dans notre monde physique, le Diable est en charge de l'argent. L'argent n'est pas le bon moyen de se développer. Cela n'existe que sur Terre. Dans certains mondes, l'équivalent monétaire n'est pas du papier ou des métaux précieux, mais des cristaux. Dans les mondes supérieurs, le paiement provient des énergies. Il ne peut pas y avoir d'équivalent, puisque les mondes de différents Niveaux de développement ont leurs propres règles d'échange d'énergies. Chaque niveau a son propre équivalent privé, qui évolue toujours avec le temps.

INFLUENCE DES JEUX INFORMATIQUES

Le karma virtuel est-il équivalent au karma réel?

Lecteur. Les enfants adorent jouer à des jeux informatiques. Il est clair que tout en eux n'est pas réel, virtuel. Mais en eux, ils commettent parfois des actes inconvenants. Par exemple, un joueur volera quelque chose à un autre: des pièces de jeu conditionnelles, des choses, mettant sa «victime» dans de pires conditions. Je veux dire des situations où de telles actions ne sont pas du tout le sens du jeu lui-même. Autrement dit, il est possible de ne pas les engager.

La question est: par hasard, ne gagnent-ils pas pour eux le même karma qui pèserait sur eux lorsqu'ils auraient grimpé de leurs propres mains dans la poche de quelqu'un d'autre pour le portefeuille de quelqu'un d'autre avec de l'argent?

Réponse. Les jeux informatiques dont vous avez parlé proviennent d'un système négatif et élèvent les enfants dans une direction négative. Avec l'aide de jeux, les enfants développent involontairement pour eux-mêmes des qualités négatives de vol, de ruse, de tromperie et d'autres mauvaises qualités qui conduisent l'âme dans un Système négatif. Dans une vie, un enfant peut construire tellement de qualités négatives en lui-même qu'elles peuvent l'emporter sur la partie positive de son âme au cours de plusieurs incarnations passées. Ce sont des jeux très nuisibles. Après eux, l'ancienne âme de l'enfant peut être ramenée à la vie avec des situations similaires à celles dans lesquelles il a participé à des jeux. Et si son âme a déjà développé des qualités négatives, elle continuera à faire de même dans sa vraie vie. Et c'est le karma suivant. De tels jeux sont nuisibles sur le plan éducatif. Les parents doivent sérieusement lui inculquer que l'enfant ne doit pas gagner en eux, mais se comporter correctement par rapport à l'adversaire (mais de cette manière, il ne gagnera pas dans les jeux, ce qui est également une insatisfaction psychologique). Par conséquent, dans tous les cas, il vaut mieux ne pas jouer à de tels jeux.

Meurtres dans les jeux informatiques.

Lecteur. En «tuant» un joueur virtuel dans les jeux informatiques, une personne accumule-t-elle des énergies négatives?

Réponse. Même en détruisant pratiquement à plusieurs reprises une personne ou un animal dans un jeu informatique, un enfant (ou un adulte) accumule dans son âme une composante de la qualité du meurtre, et si déjà dans cette vie il construit complètement sa Hiérarchie (la Hiérarchie de la qualité des meurtres), alors il sera sûrement amené à prendre une arme à feu ou couteau et tuer quelqu'un en réalité. Nous en avons vu un exemple à plusieurs reprises à la télévision, lorsqu'un élève a tiré sur une classe entière et qu'un adulte a tiré sur ses employés, ou un élève a tué son professeur, ou un parent qui lui a interdit de faire ce qu'il aimait, par exemple, les jeux informatiques. Ce sont tous des exemples de la perfection de la qualité du meurtre grâce à l'utilisation de jeux informatiques.

Par conséquent, nous pouvons arriver à la conclusion que les jeux informatiques sont capables d'élever des tueurs. Ils sont très nocifs, car ils développent des compétences négatives chez les personnes, qui sont ensuite réalisées.

MONDE DES NAIFS ET LEURS REPRÉSENTANTS SUR TERRE

Lecteur. Dans le livre "Vie dans le corps étranger", vous parlez des mondes des naïfs. Il n'y a pas de tromperie, et donc les habitants se croient inconditionnellement sur parole. Par conséquent, une qualité telle que la naïveté a été développée en eux. Nous sommes ironiques à ce sujet, les appelant des niais. Mais dans le monde terrestre, la tromperie est présente à chaque étape et sous des formes différentes: ce sont les gitans du marché qui se font des devinettes «pour la chance», et la Douma d'État, prometteuse de soutien social, prive des retraites. Mais nous devons supposer qu'une personne qui s'est déjà "brûlé" une fois, ayant fait confiance aux escrocs, analysera la prochaine fois la situation qui s'est ouverte, essayant d'y identifier les signes de fromage gratuit se trouvant dans une souricière insidieuse. Cela devrait par la suite contribuer au développement en lui de la qualité de la perspicacité, qui l'empêche de prendre des mesures imprudentes.

Question. Notre Dieu aimerait-il développer cette qualité spécifique dans son peuple?

Réponse. De nombreuses âmes d'anciens animaux qui sont passés dans le monde humain ont la qualité de la naïveté et de la foi pure en ce que leur dit un dirigeant de haut rang ou de haut rang. Mais le monde terrestre est mélangé et le mal l'emporte sur le bien, donc toute âme naïve brûlera sur ses mensonges, ses ragots et autres méchancetés jusqu'à ce qu'elle apprenne à séparer les mensonges verbaux de la vérité et à voir à quel but le trompeur se cache: si il se bat pour sa place chaleureuse quelque part dans le bureau, qu'il soit engagé dans l'extorsion d'argent, ou qu'il ait hâte de recevoir un gros salaire, etc. Un mensonge cache toujours cette base matérielle, dont le trompeur parasite utilise les avantages.

EST-IL POSSIBLE DE REFUSER UN PÈRE NÉGATIF

Renonciation éthique.

Lecteur. En 2011, un médium a recommandé un changement de nom à une personne. Mais comme le père de cette personne avait l'habitude de conjurer très fortement, jusqu'à amener l'autre au suicide, et, par conséquent, une relation très tendue et complexe s'est développée entre eux, puisque cette personne était contre le mal fait par son père. Par conséquent, lorsque le fils est allé changer de nom, il a également changé son patronyme.

En conséquence, le père s'est complètement éloigné de lui. La grande et secrète menace a été remplacée par une multitude d'échecs évidents et mineurs, qui ne paralysent plus, mais, comme on dit, «boivent du sang» avec une grande qualité et conscience. Ce qui, cependant, se produit, comme beaucoup d'autres actuellement. La vie matérielle n'a pas changé comme on le croit généralement. (6 ans se sont écoulés). Mais l'attitude intérieure du fils face à tout ce qui se passe, à la fois à l'intérieur de la personne elle-même et à l'extérieur de lui, a radicalement changé. De plus, une personne n'a commencé à étudier vos informations qu'après avoir changé son nom et son patronyme, bien qu'elle ait commencé à lui proposer cette littérature beaucoup plus tôt. Et à cet égard, il y avait, en conséquence, des questions.

Dans quelle mesure était-il éthique du point de vue moral et moral de nier un tel père? Et cela peut-il être fait?

Réponse. Si une personne est négative et fait du mal aux autres, alors un tel parent peut être renoncé. Mais ça

- le choix de la personne elle-même, et il dit que le fils (ou la fille) refuse tant du parent que du mal qu'il apporte aux autres. Autrement dit, avec un tel refus, l'enfant fait un choix vers le bien. Un tel acte est d'une grande importance pour l'âme du renoncement, car il témoigne qu'au nom du Bien, et, par conséquent, de Dieu, l'enfant est prêt à renoncer même au parent.

Et sa renonciation au parent serait considérée d'une manière complètement différente si le père était positif, impuissant ou malade. Le refus d'un tel parent contribue à l'accumulation d'un grand karma.

De plus, il arrive qu'un père négatif soit d'un grand bénéfice pour l'enfant: il lui apprend les mathématiques, la construction, la discipline. En effet, les enfants perçoivent souvent la gravité de l'éducation comme négative, ce qui est faux. Il faut apprendre à donner des évaluations correctes aux gens. Il existe de nombreux pères négatifs qui sont d'un grand bénéfice pour la société et la famille: des militaires, des politiciens, des designers, des inventeurs et d'autres personnalités hautement intellectuelles. Les enfants eux-mêmes doivent apprendre la justice et évaluer correctement: à la fois les activités du père et son attitude envers lui-même. Souvent, grâce à la rigueur du parent, une personne merveilleuse, un bon spécialiste et un activiste social, grandit d'un enfant. Et, bien sûr, ces pères n'ont qu'à être reconnaissants. Et l'essentiel est de se rappeler: «négatif» ne veut pas dire «mauvais». Il peut être très bon. Et le pays est fier de beaucoup de ces personnes. De plus, il y a beaucoup d'enfants qui ont simplement besoin d'être «tenus en échec», car sans ces cadres stricts, ces enfants peuvent complètement gâcher et fermer le vrai chemin.

Cependant, abandonner un parent négatif ne signifie pas qu'un fils ou une fille doit l'abandonner complètement et l'oublier pour toujours. Il est possible de ne pas partager la méchanceté qu'il crée avec le parent, mais le fils (fille) doit continuer à entretenir des relations humaines autant que possible. Autrement dit, si un parent est malade ou est devenu faible à un âge avancé, les enfants sont obligés de continuer à prendre soin de lui, à le soigner, à le nourrir. Renoncer ne signifie pas renoncer à l'aide. Si les enfants s'opposent au mal, alors ils ne devraient pas le créer eux-mêmes, même en relation avec le même parent négatif.

Renonciation et karma.

Lecteur. Dans quelle mesure une personne a-t-elle choisi le chemin le plus facile, se plaçant et se considérant mieux et plus haut que le plus élevé, si elle commet un acte aussi négatif pour la société que le renoncement? L'âme d'une personne donnée dans la prochaine vie peut-elle être obligée de se débarrasser de ses dettes, y compris une vie courte, un corps estropié, ou même jusqu'au décodage?

Réponse. Le renoncement est la voie difficile. Il n'y a pas de moyen facile maintenant, la légèreté est toujours temporaire. Un fils avec un père négatif n'aura pas de dettes karmiques, car il a refusé de participer à des situations dirigées contre Dieu et les gens. Par sa renonciation, au contraire, il a pu couper le karma de la famille. Et, comme expliqué ci-dessus, une telle renonciation est purement conditionnelle: le fils ne fait pas de mauvaises choses avec son père, mais l'aide à vivre, accomplissant le devoir filial de son espèce.

QUE SIGNIFIENT LES NOMS DE FAMILLE

Réponse. Les noms de famille n'étaient pas tant donnés pour le développement de qualités que pour la formation de branches de certains genres. En ce qui concerne ces branches, il a été décidé plus tard quelles qualités les âmes envoyées à un genre donné devaient acquérir en elles-mêmes. Tout cela a été construit au fil des siècles par des entraînements karmiques et le développement de compétences créatives spécifiques ou de certains traits de caractère chez les personnes. Fondamentalement, les noms de famille servaient à distinguer une personne des autres.

Les noms de Moguilev, Troupov, Smertov, Durov, etc. provenait du type d'activité d'une personne: Moguilev - d'une personne creusant des tombes. Il avait besoin d'apprendre à être nonchalant et à traiter tout travail avec respect, comme une nécessité de l'existence humaine. Troupov - une personne lente, inactive, inintéressante, etc. Smertov est une personne qui apporte des nouvelles désagréables aux gens; parfois, un tel nom de famille était associé à une apparence désagréable d'une personne.

EST-IL POSSIBLE DE CAPTURER LES VOIX DES MORTS À LA RADIO

Lecteur. Une fois, j'ai regardé dans une émission de télévision comment un gars enregistrait des voix sur un magnétophone - un enregistrement d'onde vide, sans écouter la chaîne de radio. Quand il a commencé à faire défiler vers l'arrière avec un magnétophone et en même temps utilisé une sorte de programme pour transcrire le son, il a eu des voix, et il pense que ce sont les voix des morts. Est-il possible de capter la voix des morts sur les ondes radio? Et là où les âmes étaient à ce moment-là, et encore, parce qu'elles n'ont pas de voix, elles ne peuvent que penser. Et pourquoi a-t-il été présenté au programme? Je voudrais savoir du point de vue de la Connaissance Supérieure.

Réponse. Jusqu'à quarante jours après la mort physique (et maintenant avant le Jugement dernier et jusqu'à 2 mois), les âmes peuvent être sur le plan terrestre avec les vivants. Par conséquent, seules les enveloppes physiques et éthériques en ont été débarrassées, tandis que les enveloppes astrale et mentale restent encore, et elles conservent également sur le plan subtil l'apparence de la personne et la possibilité d'une communication verbale (verbale) entre elles. Les vibrations vocales de leurs corps astraux peuvent être enregistrées à l'aide d'appareils spéciaux. Ils ont des voix, mais ils sonnent dans une gamme de fréquences différente de celle du monde physique. Par conséquent, si la capture des vibrations de fréquences est effectuée à la fréquence des énergies du plan astral ou mental, vous pouvez alors écrire ce qu'elles disent. Et encore mieux est de développer des dispositifs techniques qui fonctionnent avec les énergies de ces plans. Ensuite, les gens recevront beaucoup d'informations intéressantes.

Actuellement, certains inventeurs de ces moyens techniques (comme ils le prétendent) sont également capables d'enregistrer les voix de l'autre monde. Ce fait n'a pas encore été confirmé scientifiquement, mais dans la pratique, deux inventeurs de notre pays ont confirmé, indépendamment l'un de l'autre, qu'ils communiquent avec les âmes des morts et enregistrent leurs voix à certaines fréquences.

Une telle communication est tout à fait possible, il vous suffit de régler vos appareils sur la fréquence appropriée. L'appareil fixera certaines fréquences d'énergies, et il ne sera alors plus nécessaire de les traduire qu'en mots ou en sons de la voix d'une personne aux fréquences du monde physique. Nous devons travailler dur dans cette direction, et il y aura ensuite un résultat - une communication radio avec des parents décédés. C'est intéressant, et ce n'est pas de la fiction, mais des choses bien réelles.

ROMPRE LE LIEN AVEC LE DEFUNT

Une personne veut établir un contact avec les morts, tandis que l'autre, au contraire, ne le veut pas. Voici ce que le prochain lecteur écrit:

"Disons qu'un ami ou une connaissance décède. Il a une page sur un réseau social particulier (par exemple," VKontakte "), où il est sur la liste de vos amis. Dites-moi si vous pouvez laisser un ami ou une connaissance qui est passé dans le monde mince, non y aura-t-il un lien nécrotique indésirable avec lui? "

Réponse. Il est préférable de couper tous les liens avec une personne qui est passée dans un autre monde, car de telles interactions et pensées sur les défunts les lient à l'endroit où ils se souviennent. Cela inquiète l'âme et ne lui donne pas la possibilité de rester normalement dans le monde subtil et de se concentrer sur ses nouvelles responsabilités. Et l'âme doit oublier sa vie antérieure et passer complètement à la maîtrise de sa nouvelle existence et à l'accomplissement d'un nouveau programme qui fonctionne dans le monde subtil.

HOMME EN SITUATIONS HOLOGRAPHIQUES APRÈS LA MORT

Lecteur. Je parlerai de l'âme dans les hologrammes après la mort d'une personne et des âmes prises dans les hologrammes du temps passé de la 5ème race. On s'en fout?

Si je comprends bien, une personne vit à tout moment dans des situations holographiques. Mais quand il meurt et que l'âme quitte le corps, alors elle voit le monde d'une certaine manière. Ou l'hologramme est-il stocké quelque part, parce que l'hologramme est associé au programme? Et quand l'âme quitte le corps - reste-t-elle agitée sur terre pendant longtemps? Mais au détriment de que voit-elle notre monde holographique et les situations qui se construisent holographiquement dans le programme, si elle perd son appareil visuel? Et quelle est la durée maximale et minimale du séjour d'une âme agitée sur terre? De quoi cela dépend-il? Et combien de temps les suicides restent-ils dans le monde subtil? Si une personne est tuée non selon le programme, est-ce une situation sans issue? Ou comment?

Réponse. Lorsque l'âme quitte finalement l'enveloppe physique après la mort, alors la perception du monde et sa vision changent pour elle (mais pour chacun cela se produit individuellement).

L'âme voit le nouveau monde subtil et beaucoup en lui avec son appareil de vision astrale. Chaque enveloppe temporaire a son propre appareil de vision, par conséquent, en passant d'une couche terrestre à une autre et en évacuant les enveloppes temporaires, elle continue de voir l'environnement, passant à l'appareil visuel de l'autre enveloppe.

Par conséquent, immédiatement après avoir laissé tomber le corps physique, l'âme voit à la fois le monde physique et les hologrammes du plan éthérique de la terre, proches du plan matériel. Puis le plan physique s'estompe pour elle et il ne reste que la vision du plan éthérique. Lorsqu'elle s'élève, la vision d'un plan inférieur s'estompe, mais la vision d'un monde supérieur se manifeste mieux. Cependant, en raison d'un manque de compréhension de sa structure, elle perçoit ces structures comme quelque chose d'incompréhensible, d'amorphe. Et de tels bâtiments ne l'intéressent pas.

Mais le monde terrestre inférieur lui-même est rempli d'hologrammes de situations dans la vie des gens. Cependant, les âmes des morts ne voient plus les situations liées aux programmes de la vie des gens. C'est ainsi que fonctionne leur vision astrale.

Cependant, personne de l'âme des morts ne voit les hologrammes de situations programmées, ils ne peuvent être capturés que par des clairvoyants du monde physique, du fait que cette vision leur est donnée selon le programme de leur développement.

Notre monde terrestre, l'âme distingue jusqu'à 3-9 jours, puis la vision change. C'est, pour ainsi dire, dans une brume brumeuse, où tout est vague et pas clair. Les âmes sans repos sont juste dans ce monde indéfini, créé artificiellement par les Supérieurs pour ces âmes. Seuls ceux qui n'ont pas terminé leur programme y participent. L'âme agitée reste sur terre jusqu'à la fin de son programme inachevé. Elle peut être retardée dans le cas où l'énergie de la souffrance de son âme ne couvrait pas les coûts qui ont été dépensés pour créer des situations de vie qu'elle ne réalisait pas. Les âmes agitées comprennent: les suicides, les alcooliques et les toxicomanes (car en raison de leur dépendance, ils raccourcissent leur vie et meurent plus tôt que la date fixée selon le programme, dans un mode normal d'existence, par conséquent, ils n'ont pas assez d'énergie pour se lever à l'entrée de canal de Distributeur*).

Si une personne est tuée non selon le programme (il y a de tels cas), alors elle n'entre pas dans le monde des âmes agitées, car elle est une victime, et elle parvient indépendamment au distributeur. Et s'il n'a pas assez d'énergie propre, alors les Substances descendent spécialement après lui, aidant son âme à s'élever dans le Distributeur.

DURÉE DE LA REVUE DE LA LIGNE DE VIE PENDANT LA COUR SUPREME

Lecteur. Pendant combien de temps l'enregistrement de la vie d'une personne est-il généralement visible à la Cour Suprême et de quoi dépend-il? Y a-t-il une limite de temps de visionnage?

Réponse. Chaque période de visionnage est individuelle et dépend du nombre d'erreurs commises au cours de sa vie. La plupart des situations ne comportent pas de choix, elles sont rigides et n'intéressent donc pas les Juges. De plus, lors du visionnement, les Juges s'assurent que l'âme comprend son erreur, la réalise et se repent de son acte.

De plus, le temps sur le plan subtil s'écoule différemment que dans le monde physique, et l'âme le ressent également différemment de la Terre. Par conséquent, l'observation peut durer une heure dans le temps terrestre et il semblera à l'âme que 1 à 3 mois se sont écoulés. Tout cela affecte l'heure de visualisation des événements.

CHAPITRE 6
SENTIMENTS APRÈS LA MORT.
Combien de temps il faut pour que les âmes oubliassent l'amour terrestre

Lecteur. Dans vos livres, vous avez mentionné que l'âme d'une personne décédée perd tout intérêt pour sa vie passée après un an. Comment cela est-il en corrélation avec l'énergie de l'amour dans sa matrice? Est-ce vraiment si vite que vous pouvez oublier celui que vous aimiez et ce à quoi vous aspiriez?

Cela signifie-t-il que l'âme ne se soucie pas du tout de sa mémoire ou non? Et pourquoi les blessures de l'âme humaine ne guérissent-elles pas au cours de la vie, que ce soit dans un an ou des décennies?

Réponse. La conscience de l'âme après la mort change lorsqu'elle atteint le plan subtil, elle commence à réaliser la temporalité et la brièveté d'une seule incarnation, et elle perçoit l'amour pour une personne comme une étape de son développement, en tant qu'enseignant dès le début de la première année, puis la cinquième, puis la onzième. Le premier niveleur pense aussi que c'est mieux que son premier

il ne peut y avoir d'enseignant, mais à mesure qu'il grandit, il commence soudainement à se rendre compte qu'il existe de nombreux autres enseignants merveilleux qui doivent également être respectés, aimés et reconnaissants pour leur travail.

Le corps physique donne de nombreuses sensations qui n'existent pas dans le monde subtil, par conséquent, en perdant le corps, une personne perd également des sensations passées. L'âme, passant au plan subtil, se sent un peu différemment que dans le Monde terrestre. Elle commence à réaliser son essence énergétique et son appartenance à d'autres mondes. Dans le monde subtil, les sensations physiques passées, les attachements caractéristiques, les sentiments disparaissent. Mais toutes les qualités fermement développées y demeurent, et tout ce qui a été développé de manière insatisfaisante et de mauvaise foi (concerne les jeunes et les âmes du Niveau intermédiaire) disparaît. Pour cette raison, le caractère de la personnalité et sa conscience de la réalité environnante changent.

Pour la plupart des âmes, avec la perte d'un corps physique, la force des sentiments est perdue, et c'est la raison pour laquelle elles commencent rapidement à se sevrer de ceux qu'elles aimaient.

Cependant, il y a aussi de telles âmes qui sont fortement attachées à leurs proches dans le monde subtil et ne peuvent pas les oublier pendant longtemps. Cela suggère que cette qualité est au sommet de son développement. Ces âmes sont autorisées à visiter leurs anciens lieux où vivaient plus souvent leurs proches. Cependant, lorsque l'âme voit qu'un être cher ou un être cher se porte bien sans elle, le pouvoir de la perte de parents et d'êtres chers disparaît. Les parents se souviennent de moins en moins du passé, cela déçoit l'âme et leur fait trouver un nouveau travail pour l'âme dans le monde subtil, se laisser emporter par la connaissance de la prochaine étape de développement. L'âme commence à comprendre qu'il faut aller de l'avant et ne pas s'attarder sur de vieux sentiments qui ralentissent sa progression.

Les âmes sont différentes, donc leur existence ultérieure "dans l'Autre Monde" n'est pas la même. De plus, l'âme reçoit un nouveau programme de développement dans le monde subtil et, sous son influence, elle oublie rapidement ce qui s'est passé sur Terre. Par exemple, serait-il intéressant pour vous de rencontrer quelqu'un que vous avez aimé dans votre 20e ou 30e incarnation? Vous le traiterez avec une indifférence totale, car votre présent et votre passé seront séparés par un long intervalle de temps, c'est-à-dire un grand stade de développement. Vous deviendrez vous-même complètement différent.

De même, comparez vos sentiments à cinq ans, à 15 et à trente ans - ils sont incomparables, et vous êtes si différents à chacun de ces âges que vous vous paraîtrez étranger à vous-même à 5 et 15 ans. Mais cela montre à quel point vos sentiments et votre compréhension du monde qui vous entoure changent de manière incomparable même au cours d'une incarnation, et que pouvons-nous dire à propos de plusieurs. Vous commencerez à changer rapidement.

Vos sentiments et vos désirs deviendront différents, votre attitude envers le monde et les gens commencera à changer, vous deviendrez vous-même méconnaissable, vous sentirez que votre compréhension du monde et des gens, aussi, est complètement incomparable avec le passé, et pour votre amour cette personne passée n'est plus nécessaire, mais il en faut un autre, plus intéressant, fort et développé.

Ainsi, le temps change la conscience d'une personne et un nouveau programme dans le monde subtil fait que l'âme oublie de force la vie terrestre pendant un certain temps et suit avec enthousiasme une nouvelle voie de développement.

Si nous parlons de blessures humaines qui ne guérissent pas dans le monde terrestre ni en un an ni en 10 ans, c'est ainsi que fonctionne votre programme de vie. Cela permet à vos sentiments de se développer dans la tristesse et la douleur aussi longtemps que vous en avez besoin pour développer les qualités de fidélité, de dévotion, de gratitude, etc.

Tout est réglé par le programme à la fois dans le monde physique et dans le subtil. Le programme peut, si nécessaire, vous faire tomber amoureux et peut aussi vous faire tomber amoureux de votre vivant, si cela est nécessaire pour que vous preniez conscience de certains moments d'être. Tout chez une personne est contrôlé, mais cela est fait par les Supérieurs pour son amélioration.

CE QUE L'ÂME RESSENTIT APRÈS LA MORT D'UN HOMME

Lecteur. Après la mort d'une personne, son programme, qui prédéterminait ses capacités, a pris fin. Que ressent l'âme sans programme? Ressent-elle une sorte de soulagement ou, au contraire, de faiblesse?

Réponse. Immédiatement après la mort, si une personne était malade, et soudainement, avec la perte de son corps, ses tourments ont disparu, l'âme éprouve un grand soulagement, la félicité. Si une personne a été tourmentée par des problèmes avant cela et qu'elle est décédée selon le programme, elle peut également ressentir un soulagement et une aisance. Mais s'il s'est suicidé, il sentira qu'il a mal agi, l'âme continuera à souffrir. Il deviendra un publicain et continuera à souffrir jusqu'à ce que son programme pour la durée de vie allouée soit terminé. Et cela peut être 10 ou 30 ans.

L'état d'esprit après le décès d'une personne dépend généralement du degré de sa mise en œuvre du programme. Par conséquent, les sentiments peuvent être très différents, pas comme les sentiments des autres. Ce n'est pas pour rien qu'une personne est individuelle.

Celui qui a accompli son programme avec dignité meurt en paix. Après la mort, il sent que beaucoup de choses sont terribles: problèmes, vieillesse, insatisfaction envers lui-même et les autres - tout à coup, tout disparaît quelque part; l'âme ressent un soulagement, parfois même une euphorie, du fait qu'elle s'est libérée des problèmes insolubles.

Puis elle monte dans sa salle d'attente et avant cela, elle est rencontrée par ceux qui sont partis plus tôt. Si auparavant l'âme était tourmentée par une sorte d'anxiété, après avoir rencontré des parents, l'âme se calme complètement et se rend dans la salle d'attente, où le temps s'arrête presque. L'âme tombe en quelque sorte prostrée et attend calmement d'être convoquée. Il n'y a pas d'excitation, puisqu'elle vient du système nerveux du corps matériel, et comme elle est absente, alors seul le calme demeure.

Autrement dit, après la mort, une personne se sentira toujours différente, tout comme elle se sent différente par rapport à, disons, l'enfance ou l'adolescence.

Toutes les qualités accumulées par l'âme sont préservées et représentent pour les Juges Suprêmes le bagage de valeurs que l'individu a apporté avec lui dans leur monde. Pour de nombreuses âmes, la qualité de l'amour commence à peine à se développer, tandis que pour d'autres (ce ne sont que quelques-unes), elle approche déjà de la limite moyenne. Pour chacun, c'est à son propre stade de formation, et donc ils ne montrent pas leur amour de la même manière.

Pour les âmes de haut Niveau de développement avec une qualité d'amour fermement développée, cela reste le même dans le monde subtil, et continue à se développer davantage, mais déjà dans un nouvel état transformé (renouvelé), acceptable pour le nouveau monde.

Si une personne a fermement développé les qualités de l'amour au cours de plusieurs incarnations, alors celui-ci, en tant que propriété de son âme, continuera à persister et à se développer davantage, mais à une plus grande échelle. Il ne suffira plus à l'âme d'en aimer une, elle sera attirée à aimer chaque être vivant, à prendre soin d'eux et à les protéger de tout ce qui est mauvais. Protéger ceux que vous aimez est l'une des principales fonctions de l'amour.

L'âme dans le monde subtil est pleinement consciente de l'ampleur de son développement futur, c'est pourquoi elle essaie également d'approfondir et d'élargir son amour, s'éloignant du singulier et du particulier vers le grand et l'éternel.

De plus, après le Jugement, l'âme d'une personne reçoit un nouveau programme de développement sur le plan subtil. Il y sera en variant, selon son Niveau, par exemple, selon les normes terrestres, environ 50-60 ans. Et pour ne pas perdre ce temps en vain, l'âme reçoit nécessairement un programme de maîtrise de l'être dans le monde subtil.

Après avoir perdu l'enveloppe physique, l'âme ressent un soulagement dans le cas où une personne serait malade ou blessée. S'il est soudainement tombé dans un accident et est mort, alors une telle âme peut éprouver de la confusion, de la perplexité, du choc. Les sentiments de l'âme dépendent également de son Niveau de développement. Certaines âmes peuvent s'interroger sur leur nouvelle position, commencer à être curieuses. Et les âmes ésotérique alphabétisées, comprenant où elles sont arrivées et pourquoi elles sont restées coincées dans les couches inférieures de la terre, essaient d'aspirer l'énergie des personnes vivantes afin de s'élever aux portes du Distributeur.

Certaines âmes qui ont été dans un état de mort clinique, ont dit qu'elles sont tombées dans des couches terrestres spéciales, où elles ont éprouvé un grand amour pour elles-mêmes et ont cru qu'elles étaient dans le nirvana. Mais ce sont des couches dans lesquelles seulement quelques personnes tombent, se développant dans le monde terrestre dans un état d'amour pour tout ce qui les entoure. Ainsi, chaque âme expérimente réellement la sienne.

CHANGEMENTS DES SENTIMENTS ENVERS L'ANCIEN MARI APRÈS VOTRE PROPRE DÉCÈS

Lecteur. Telle ou telle personne aime quelqu'un de son vivant. Par exemple, une femme aime un homme, l'épouse. Mais maintenant, elle meurt et dans l'"Autre Monde" voit que son mari bien-aimé est, avant tout, une âme avec un certain ensemble d'énergoqualités matricielles: positives et négatives. Autrement dit, sa perception de son ex-conjoint change.

Question. L'amour pour lui changera-t-il? Transforme-t-elle de l'amour pour un homme en amour pour une âme ou en amour pour une personne? Ou peut-être qu'à cause de la déception de la réalité révélée, l'amour s'arrêtera complètement?

Réponse. Avec la transition vers le plan subtil, la conscience et les sentiments d'une personne changent. Il devient complètement différent. Les sentiments sont donnés par l'enveloppe astrale et, après la mort, elle est rejetée en tant que corps d'énergie temporaire. Par conséquent, l'attitude du défunt envers tous ses proches change. Par exemple, dans la vie terrestre ordinaire, de nombreuses personnes pauvres ressentent de l'amour pour leurs parents, mais quand elles fondent leur propre famille, leurs sentiments pour leurs parents s'estompent progressivement et elles les oublient rapidement et ne visitent même pas, bien que ce soit faux.

Mais si la qualité de l'amour en eux correspond à un niveau de développement plus élevé, alors pendant la vie, elle s'estompe un peu, mais ne disparaît toujours pas complètement et reste partiellement. Autrement dit, les sentiments de l'âme dépendent du Niveau de développement de la personnalité, à la fois dans le monde terrestre et après la mort. Certains êtres chers après la mort deviennent indifférents immédiatement après la Haute Cour, car ils comprennent que tout est irrémédiablement perdu; d'autres deviennent indifférents après un an dans le monde subtil; d'autres encore conservent plus longtemps leurs sentiments pour leurs proches. Cependant, la pratique de la vie a montré qu'un mari ou une femme décédé oublie ses ex-conjoints beaucoup plus rapidement que ses proches parents. Tout dépend de la qualité de l'amour développé dans toutes les vies passées.

MEURTRES ET ACCIDENTS DEPENDENT-ILS DU CLIMAT ?

Lecteur. Vérifier si je comprends correctement ce qui suit? Tout accident à un endroit ou à un autre n'est pas accidentel, et l'heure et le jour ne sont pas accidentels. Autant que je sache, l'énergie va dans l'espace d'un endroit ou d'un autre sur Terre, et cela est influencé par de nombreux indicateurs: température, type de sol et climat, etc. Que, par conséquent, lorsqu'un accident se produit dans un endroit avec un climat chaud, une telle énergie est libérée, et si un accident se produit dans un endroit avec un climat plus frais, alors un autre type d'énergie est libéré. Différents moments de l'accident (3 h 02 ou 6 h 18) affecteront l'énergie que le Cosmos devrait recevoir en ce moment, soit de manière rigide, soit après le choix d'une personne (par exemple, les gens polluent l'espace terrestre et il doit être nettoyé)?

Autrement dit, les Supérieurs, lorsqu'ils planifient l'endroit où un accident devrait survenir, prennent en compte ces facteurs, y compris qui devrait mourir, en fonction de l'énergie dont ils ont besoin pour recevoir?

Réponse. En cas d'accident, aucun paramètre climatique requis par la planète elle-même n'est pris en compte. L'essentiel est le programme humain et la quantité d'énergie subtile qu'il doit produire pour les Supérieurs.

Chaque individu est horoscopique connecté à certaines planètes du Système solaire, et au moment de la mort, l'échange d'énergie avec les types d'énergies nécessaires ne se produit qu'entre lui, la Terre et ses planètes selon son horoscope personnel. En conséquence, le moment est choisi où l'énergoéchange au moment de la mort est le plus efficace. Les autres espaces ne participent pas à cela. Le climat n'est pris en compte que du point de vue de la formation d'une situation d'accident ou de catastrophe pour une personne. Autrement dit, un facteur peut être la cause de l'accident en été, un autre facteur en hiver et un troisième en automne.

PLANIFICATION DU DEPART DE L'HOMME À LA FIN DU PROGRAMME

Lecteur. Quand une personne naît, les Supérieurs déterminent comment elle doit quitter la vie à la fin du programme: doit-il faire une impasse ou réduire le programme? Les Supérieurs planifient-ils en détail l'achèvement du programme quelques jours avant le départ de la vie d'une personne, ou planifient-ils même avant l'incarnation de l'âme sur Terre? Par exemple, lorsqu'ils décident de quoi une personne doit mourir: une maladie, un choc électrique ou un accident de la route? Ou peut-il tomber dans la zone des tremblements de terre, tsunamis et autres catastrophes naturelles? Quand tout cela est-il prévu?

Après tout, pour fermer le programme, vous devez trouver des situations, des événements de la vie. Ou les Supérieurs, en fonction de la façon dont une personne suit son programme, décident de le réduire rapidement au cours de sa vie? Quel est l'indicateur du Déterminant lorsqu'il visualise à travers l'ordinateur comment sa paroisse exécute son programme, après quoi il se tourne vers le Fondateur et l'Intendant avec une demande de fermeture du programme de sa paroisse?

Réponse. Le Déterminant ne demande jamais à la haute direction de fermer le programme de l'étudiant et de le sortir du tournant de la vie. Au contraire, il est toujours disposé à prolonger sa vie. Tout ce qui arrive à une personne est calculé dans les moindres détails et dans différentes versions avant même son incarnation dans le monde terrestre. Ensuite, il est vérifié par la direction supérieure. À sa demande, quelques modifications et recalculs peuvent être apportés au programme.

Pour tout cela, les Supérieurs ont un système de règlement spécial, qui calcule en détail comment tel ou tel événement doit se dérouler, en fonction du choix d'une personne, de ses actions. Aucun désir humain n'est pris en compte, car il vient à la vie pour se développer et acquérir de l'expérience. Un départ volontaire de la vie est associé à un refus de se développer avec toutes les conséquences sortantes qui ne sont pas souhaitables pour l'individu.

La situation de mort elle-même est calculée dans les moindres détails, mais elle commence à se préparer bien avant le dernier point de son programme (par exemple, une personne peut être malade pendant une longue période, mais ne mourra que lorsqu'elle atteindra ce point de contrôle dans le temps). Le type de mort d'un individu est souvent associé à son karma ou à ses plans des Supérieurs, ou au développement d'une certaine qualité.

PRIÈRES POUR L'ÂME DU MORT

L'âme capte-t-elle la source d'énergie?

Lecteur. Si vous lisez vos deux premières prières pour l'âme passant dans le Monde Subtil afin de lui fournir l'énergie pour l'ascension vers le Distributeur, alors elle peut saisir la source de ces énergies, c'est-à-dire découvrir quelle personne vivante l'aide?

Réponse. Chaque âme qui part sent de qui elle reçoit de l'énergie, car l'énergie d'une personne est toujours individuelle et contient la couleur du caractère d'une personnalité, par laquelle elle est reconnue dans la vie quotidienne.

Quels jours pour lire de nouvelles prières au défunt.

Lecteur. Deux de vos prières, à l'exception de la troisième, quels jours devriez-vous lire à l'âme d'une personne décédée? Ceci est accepté dans le christianisme.

Réponse. Les prières sont lues les 3e, 9e et 40e jours, ainsi qu'à l'anniversaire et tous les autres jours de commémoration. De plus, vous pouvez lire lorsque l'âme est en rêve. Cela signifie qu'elle manque d'énergie. Alors vous l'aidez à s'installer sur le plan subtil.

CHEMIN DE L'ÂME APRÈS LA MORT ET LE RETOUR À LA TERRE

Y a-t-il un Abrenocenter?

Lecteur. Je lis vos livres depuis 3 ans. Ils contiennent des informations qui répondent à de nombreuses questions. C'était particulièrement intéressant à lire pour moi, car je m'intéresse depuis longtemps à l'espace.

J'ai quelques questions pour vous. Il y a 30 ans, la Russie a appris qu'il existe un mécanisme de réincarnation, lorsque les âmes des gens après la mort traversent l'Abrenocenter, situé dans l'espace parallèle de la Terre, puis rentrent chez elles dans les civilisations supérieures, où elles se déplacent à nouveau dans notre corps natal, qui attend maintenant notre paroisse dans une salle spéciale.

Réponse. Sur votre question, il semble que vous n'avez pas suffisamment étudié nos informations.

Le centre pour l'incarnation des âmes sur Terre existe. Les réincarnations sont destinées à ce qu'une personne, retournant sur Terre, continue à construire la matrice de son âme selon les Niveaux de développement. Il commence à construire à partir du niveau auquel il s'est arrêté dans sa vie passée.

Le but de la réincarnation est la construction correcte des cellules de la matrice de l'âme. La mort est donnée pour ensuite enlever des constructions de la matrice toutes ces fausses constructions qu'une personne a faites dans sa vie, à la suite d'erreurs et d'une mauvaise moralité. S'il construisait correctement la matrice de son âme, les réincarnations ne seraient pas nécessaires et il pourrait vivre éternellement. Aucun corps physique et éthérique n'est préservé nulle part, car une personne les gâte considérablement tout au long de sa vie. L'installation de l'âme a toujours lieu dans un nouveau corps.

Donnent-ils l'occasion d'étudier le Nouvel Enseignement après la mort?

Lecteur. Si j'ai mal compris quelque chose de votre Enseignement ici, dans le monde terrestre, me donneront-ils l'opportunité d'étudier vos informations dans l'«Autre Monde» à l'aide de Substances hautement développées?

Réponse. Ceux qui ont mal compris quelque chose dans les Nouvelles Informations auront certainement la possibilité de combler les lacunes de la connaissance dans le monde subtil. Pour cela, il y a l'apprentissage à distance, dans lequel l'étudiant ne voit pas son Maître, mais à travers un certain appareil, comme un ordinateur, acquiert les connaissances nécessaires, peut lui poser des questions et recevoir des réponses.

COUR SUPREME ET SES CRITÈRES

Quelles âmes prétendent passer par le Jugement Dernier.

Lecteur. Allons-nous, qui vivons maintenant (2000-2020) après la mort dans cette vie, aller au Jugement Dernier, où allons-nous encore passer par une ou plusieurs incarnations, et alors ce Jugement viendra?

Réponse. Oui, vous y serez déjà. Mais pour certaines âmes, 2-3 réincarnations supplémentaires seront fournies.

Absolument toutes les âmes vivant maintenant sur Terre et situées dans le Distributeur passeront par le Jugement Dernier, à l'exception des jeunes âmes qui n'ont pas atteint 10 incarnations, qui ne se contenteront que du Jugement Suprême.

Lecteur. Quels sont les principaux critères selon lesquels les âmes sont divisées en développement négatif, continu et décodées (à mon avis, il n'y a pas de différence particulière dans leur comportement)?

Réponse. Tout cela sera décidé à la Cour, en tenant compte de chaque acte d'une personne, de chaque pensée. Tout sera jeté sur la balance. La justice est une échelle à deux coupes, d'une part des actes positifs et des pensées d'une personne, d'autre part - des actions négatives et aggravantes. Ce qui l'emportera, il ne sera possible de le déterminer qu'à la Cour, puisqu'une personne continue d'agir et de réfléchir jusqu'au tout dernier moment. Et, peut-être, c'est la dernière pensée ou action pour certains qui sera décisive dans la balance. Les critères seront les échelles, c'est-à-dire le calcul du positif et du négatif dans l'âme. Les juges suprêmes ont leurs propres mesures et mécanismes.

Le pardon des péchés.

Lecteur. Certains péchés sont-ils pardonnés à des personnes individuelles, si la personne elle-même se corrige par la suite et prend le bon chemin?

Réponse. Le pécheur n'est pas pardonné pour la raison que chaque action négative, chaque péché contribue à l'entrée dans l'âme d'énergies négatives "sales", qui construisent l'âme vers le Diable. Par conséquent, le pécheur est envoyé au Purgatoire (certains en Enfer), et là, à travers la souffrance, le pécheur est purifié. Les péchés mineurs, les erreurs ne sont pas particulièrement terribles et l'âme tolère normalement leur nettoyage. Pire encore, les grandes transgressions qui sont purifiées en Enfer par le tourment.

La souffrance est un mécanisme puissant pour nettoyer l'âme de ses structures subtiles de toutes les énergies «sales» et basses.

126

Autrement dit, si une personne a péché, alors l'énergie «sale» est déjà entrée dans ses structures subtiles, et la personne elle-même ne peut pas l'extraire de là. Et bien que plus tard dans la vie, il commence à se comporter correctement, moralement, mais la «saleté» est déjà à l'intérieur de lui, et elle doit être retirée de l'âme pour que l'âme continue son chemin de développement.

C'est-à-dire au revoir à une personne, pas au revoir, mais la saleté est déjà à l'intérieur de l'âme, et elle doit être éliminée de là, ce qui se fait par le purgatoire ou la souffrance. Dieu, bien sûr, peut se pardonner, mais une structure spirituelle de mauvaise qualité ne permettra pas à l'âme de se développer davantage, car il est impossible d'améliorer les énergies «sales» dans la direction divine. Et l'existence éternelle ne peut pas être basée sur ces énergies.

Ainsi, le point ici n'est pas tant dans le pardon de Dieu que dans ces lois de l'univers, selon lesquelles l'âme se construit et évolue. Il est impossible de laisser passer une âme «sale» sans sa complète purification en évolution. Tout de même là, il sera détruit par l'énergopotentiel puissant de l'éternité.

Lecteur. Et si une personne se tournait vers Dieu avec une demande, immédiatement après le péché, et lui demandait de pardonner? Un seul péché donnera de l'énergie "sale". Tu ne peux pas simplement l'enlever d'une manière ou d'une autre?

Réponse. Il est de coutume parmi les gens de demander le pardon de leurs péchés. Mais avec une telle demande, il s'avère qu'ils refusent d'accomplir leur programme karmique. C'est difficile pour eux et ils ont peur de ces difficultés. Leur âme n'est pas prête à les surmonter. Dans ce cas, Dieu agit comme ceci: Il leur pardonne dans cette vie, et la personne n'est pas responsable de ses péchés commis. Cela s'accompagne du fait que les situations de vie s'améliorent. (Une personne peut commettre des péchés dans le passé et dans le présent. Pour les deux, elle peut être responsable dans la vie réelle dans certaines situations difficiles et tragiques.)

Lorsque Dieu pardonne à une personne ses péchés à la demande d'une personne, alors les travailler selon les lois du développement est transféré à la vie suivante, c'est-à-dire que travailler sur le karma lui-même est reporté à la prochaine incarnation, car dans ce cas, le programme de la personne devient plus intense et complexe. Le pardon, appelé report, ne peut être que pour une vie. Le report et le transfert du karma permettent à l'âme d'une personne d'acquérir une certaine expérience de vie supplémentaire dans la vie dans laquelle elle demande pardon, de renforcer la force de l'esprit, ce qui l'aide par la suite à traverser décemment des situations difficiles.

TERMES D'INCARNATIONS DES ÂMES

Lecteur. Pourquoi les âmes s'incarnent-elles à des moments différents, et ces temps persistent-ils tout au long de la cinquième race?

Réponse. Lors de la réincarnation, il est toujours nécessaire de prendre en compte la période de temps de la race dans laquelle l'âme s'incarne: au début de la race, les âmes s'incarnent souvent pour acquérir rapidement les énergies initiales d'une civilisation donnée; au milieu de la race, les réincarnations se produisent pour les âmes moyennes après 100-200 ans; de plus, le terme d'incarnation sera individuel pour chacun, car certains se développent plus rapidement, d'autres plus lentement, et ils doivent arriver à peu près au même résultat (il y a des tolérances). Mais les âmes élevées peuvent s'incarner en 500 ans, puisqu'elles entraînent toutes les autres âmes avec elles.

A la fin de la race, comme on l'observe maintenant, les âmes peuvent se réincarner dans 3-10 ans, puisque le temps de développement de ces énergies prend fin, et chacun a besoin d'avoir du temps ou de se développer davantage, ou de payer ses dettes aux Supérieurs (qui ne poursuivra pas son évolution plus loin, par exemple, en 6ème race). Autrement dit, le moment de l'incarnation au début, au milieu et à la fin d'une race est différent, et à la fin d'une race donnée, tous les modèles de développement d'une civilisation donnée s'effondrent et tous les défauts sont nettoyés.

PEUT-ON ENTRER EN CONTACT AVEC DES AMES?

Lecteur. Maintenant, à la télévision, ils diffusent divers programmes de nature ésotérique, où les médiums, les médiums entrent facilement en contact avec les âmes des morts. Est-ce vraiment aussi simple que cela - de prendre et de parler «cœur à cœur» avec des représentants de l'au-delà?

Réponse. Oui, dans la période actuelle, cela est devenu possible en raison de l'augmentation de l'énergopotentiel chez certaines personnes, ce qui a contribué à la découverte de telles capacités chez elles.

Il peut y avoir de nombreuses options avec lesquelles les médias communiquent, citons-en quelques-unes:

a) Les médiums, les médiums peuvent librement contacter n'importe quelle âme de la personne récemment décédée, jusqu'à ce que le Jugement Suprême ait eu lieu sur elle.

b) Ils peuvent communiquer avec des enveloppes temporaires larguées, qui conservent des informations complètes sur leur propriétaire. (Ces obus n'ont pas le temps d'être enlevés maintenant, car beaucoup de gens meurent à cause de cataclysmes et d'accidents.)

c) Du fait du taux de mortalité élevé et du très faible Niveau de développement humain, ainsi que de la dégradation de certains individus (alcooliques, toxicomanes, etc.), de nombreuses âmes sont «lourdes» et ne peuvent pas s'élever d'elles-mêmes dans les canaux du Distributeur. Et en raison du fait qu'ils sont nombreux, ils n'ont pas le temps d'être enlevés de la Terre, et ils peuvent rester longtemps dans notre monde. Et comme ils manquent de la vie matérielle ou veulent obtenir de l'énergie des gens, ils essaient d'entrer en contact avec ceux qui les entendent ou les voient.

г) Les âmes suicidaires continuent de résider dans notre monde jusqu'à la fin de la période qui leur est allouée dans le cadre du programme. Ils existent en tant que collecteurs d'impôts et peuvent également entrer en contact à volonté.

e) Certains médiums sont capables de communiquer avec certaines âmes incluses dans leur programme, et par conséquent de telles âmes peuvent être libérées du Distributeur* à l'appel de ce médium.

f) Mais parfois, au lieu d'être appelé, une autre âme, une personne récemment décédée, entre en contact et se fait passer pour lui. Ils veulent communiquer avec ceux qui les entendent. Ils se sentent seuls, mais rapportent surtout de la désinformation. Leurs informations sont anciennes ou vides, sans valeur pour les vivants.

ÉNERGIE DES CHOSES, ZONES DE VILLES. LA TERRE A-T-ELLE BESOIN D'ÉNERGIES NÉGATIVES?

Lecteur. Si dans l'Univers la spiritualité positive devait être complétée par du négatif, alors pourquoi les Supérieurs a-t-il choisi une telle méthode de développement, alors que les Substances négatives ont commencé à se développer comme des maniaques ou des militants en raison de leur faible Niveau? Ces énergies noires grossières sont-elles vraiment nécessaires? Pourquoi, disons, ne pas chercher tout de suite à les développer dans les mondes matériels en spécialistes du démantèlement d'objets inutiles, mathématiciens?

Réponse. La terre devrait donner des âmes à la fois pour Dieu et pour le Diable, c'est pourquoi toutes les structures d'âmes et les processus de développement dans ce monde se concentrent sur la division des âmes en positif et en négatif. Dieu ne veut forcer personne et, compte tenu de son humanité, donne à chaque âme la liberté de choix. Après tout, beaucoup vont volontiers au Diable (satanistes; sectes individuelles se délectant de rituels de cruauté et de débauche, etc.).

Dieu veut être servi non pas par la contrainte, mais par l'appel de l'âme. Il est impossible de développer immédiatement une âme négative de haute qualité, car, selon les lois de l'Univers, elle doit être construite de manière hiérarchique, c'est-à-dire de manière cohérente du premier Niveau au centième. Et notre Dieu ne peut pas contourner ces lois d'existence universelle, il est donc forcé de faire passer les âmes en développement par les Niveaux et les énergies les plus bas.

ZONES NÉGATIVES DE LA VILLE

Lecteur. Dans chaque ville, il y a de mauvaises zones, c'est-à-dire où, par exemple, des crimes de rue sont souvent commis; il y a une accumulation de jeunes dans la cour, enclins à l'agression. Cela pourrait-il être dû au fait que dans de tels endroits, il y a toujours une grande accumulation d'énergie négative, à cause de laquelle les individus négatifs aiment être ici?

Réponse. Bien sûr, dans chaque ville il y a des zones positives et négatives (même les corbeaux choisissent des arbres situés dans des zones négatives pour la nuit). Ceci est caractéristique non seulement des corbeaux, mais aussi des personnes. Les zones négatives sont prises en compte par certains constructeurs familiers avec les lignes de Hartmann lors de la construction de bâtiments.

De plus, les personnes négatives elles-mêmes contribuent également à l'accumulation d'énergies négatives par la Terre.

COMMENT UNE CHOSE CHANGE SON ÉNERGIE

Lecteur. Si une personne offre à une autre un cadeau sous la forme de quelque chose, par exemple une horloge de table. Donne avec gentillesse, comme un meilleur ami. Mais alors une querelle se produit entre ces personnes et une inimitié prématurée s'installe. Cela peut-il en quelque sorte affecter l'énergie du cadeau en relation avec le changement des relations amicales entre les gens en hostiles et répulsifs?

Réponse. Le cadeau changera son énergie en énergie de la personne dans la maison de laquelle il se trouve, car le potentiel général de toutes les choses dans votre appartement l'affectera et le rechargera.

Mais c'est une autre question si une calomnie est faite sur le sujet, alors l'énergie de la maison ne pourra pas neutraliser ses influences négatives. Pour neutraliser ce négatif, un magicien ou un médium de la force appropriée sera nécessaire. Mais le changement d'énergie n'est jamais complet. En partie, l'énergie principale du propriétaire précédent de l'objet reste sous la forme d'une fine couche. Par conséquent, un bon médium peut toujours déterminer le nombre de propriétaires d'une chose. Les énergies fugaces ne restent pas (lorsqu'une personne ne tient pas cette chose longtemps). Il est toujours remplacé par d'autres énergies plus puissantes.

PSYCHOÉNERGIE

Lecteur. Expliquez-moi, au moins un peu, l'énergie psychique. Puisqu'il est le plus fin et le plus puissant en termes d'énergopotentiel, il se développe sur la base du travail des émotions, des sentiments, des pensées et de la volonté. Mais lequel des éléments ci-dessus provoque la plus grande accumulation de la composante positive de cette énergie? Si possible, nommez par ordre décroissant.

Réponse. De ce qui précède, seule la volonté contribue au développement d'une énergie psychique de la qualité requise; et les sentiments et les émotions ne sont impliqués que dans une faible mesure. Les Supérieurs n'ont pas d'énergie psychique, car ils ont suivi un chemin différent de développement. Ce type d'énergie n'est inhérent qu'aux humains et au fil du temps se transforme en d'autres types supérieurs.

Fondamentalement, la volonté s'acquiert en traversant toutes sortes de difficultés et en combattant les désirs, visant à surmonter le besoin de tentations, en éteignant les faibles désirs en soi.

La psychoénergie est un type d'énergie peu étudié par les gens. Par conséquent, les informations à ce sujet seront constamment mises à jour et modifiées. L'un sera complété, l'autre sera rejeté. Mais au moins des concepts élémentaires à ce sujet doivent être acquis pendant qu'une personne est sur Terre. En passant à la hiérarchie de Dieu, il l'oubliera, bien sûr, car une connaissance complètement différente sera donnée sur sa structure.

Lecteur. Qu'est-ce que l'énergie psychique des Supérieurs?

Bien que, comme vous le dites, les Supérieurs n'aient pas d'énergie psychique, mais qu'est-ce donc, de leur point de vue, devrait être compris par le pouvoir de l'esprit humain: l'ampleur du pouvoir de l'énergie psychique, qui est enchâssée dans les pensées générées par eux, ou la capacité de comprendre rapidement et correctement l'essence de tel ou tel phénomène?

Réponse. Les Supérieurs n'ont pas d'énergie psychique dans la construction, puisqu'ils ne se sont pas développés sous la forme d'une personne. Ce concept est purement humain, il ne peut donc pas caractériser le pouvoir de l'esprit des gens.

Le pouvoir de la raison réside dans un ensemble de trois matrices (la matrice des Concepts, la matrice des qualités et la matrice du Subconscient) de concepts exacts sur le monde qui nous entoure. Ce sont eux qui, pris ensemble, forment la vision du monde correcte de l'individu.

Le pouvoir de l'esprit est déterminé par le travail de ces matrices, qui expriment la capacité d'une personne à évaluer rapidement et correctement n'importe quelle situation, à voir la vérité dans ce qui se passe et, conformément à cela, à agir sans conséquences karmiques pour soi-même.

FORMATION D'ÉNERGIE DU CLAN

Lecteur. Je voudrais poser une question sur un sujet ordinaire et terrestre. Tournons-nous vers le livre "Homme de l'ère du Verseau" (Chapitre 4, "Famille"). Il dit: "La famille est construite pour que l'équilibre énergétique de la cellule soit maintenu. L'énergie de la famille est fermée, elle tourne en cercle: de la mère à l'enfant, de lui (enfant) au père, et du père à la mère. Pour cette raison, si la famille perd l'un des parents, alors le fonctionnement normal de l'énergie est perturbé. "

Imaginons une situation. Le père quitte la famille. Le cercle énergétique se rompt.

Question. Un autre homme qui n'est pas le père de l'enfant, venu

132

dans cette famille, peut-il rétablir complètement l'équilibre énergétique correct (pour l'espace)? Son amour, ses soins, sa responsabilité, sa conscience, son expérience, etc. suffiront-ils?

Ou le facteur génétique et la consanguinité entre les parents et l'enfant jouent-ils un rôle majeur dans cet équilibre? Se pourrait-il que, par son intervention, un homme perturbe les processus karmiques se produisant en relation avec chaque membre de cette famille?

Réponse. Selon les lois cosmiques, le bon équilibre énergétique dans la famille n'est observé qu'en termes de liens génétiques, puisque la génétique a toujours formé un arbre généalogique, qui est l'accumulateur et le gardien de certaines qualités humaines.

La formation correcte du clan a contribué à l'accélération de la maîtrise de l'âme de certaines capacités, talents, connaissances et compétences. Par conséquent, selon les programmes pour la famille, les âmes avec une certaine énergie et qualités sont toujours spécialement sélectionnées.

Par conséquent, dans l'ancien temps, il était interdit de **changer de partenaire. Cela a détruit le mouvement historique de l'âme pour maîtriser les qualités.**

Si **l'énergie** d'une **qualité étrangère** est introduite dans la cellule familiale, **cela rompt le processus général de développement du clan, car il détruit un égrégore familial unique, à la suite de quoi ces âmes accumulent le karma du clan**, ce qui se reflète dans les générations suivantes d'une personne qui a rompu les énergoliens de la famille. Par conséquent, l'église a toujours recommandé de garder le partenaire «jusqu'à la pierre tombale».

PÉCHÉ DE CLAN ET TRAVAIL AVEC LUI

Dépendance du péché de la race sur le karma individuel.

Lecteur. Je voudrais savoir: pourquoi avant et beaucoup disent maintenant qu'il y a un péché de la famille, qu'il faut le louer, que les péchés des parents sont transmis aux enfants par parenté, et en quoi cela est-il cohérent avec de nouvelles informations?

Réponse. Si lors de la réincarnation des âmes des arrière-grands-mères, arrière-grands-pères, etc. ne sont nés que dans les corps de leur génération particulière, dans ce cas, ils peuvent et doivent travailler eux-mêmes sur leur propre karma (travailler sur le péché de la race). Mais cela ne signifie pas que tous les parents doivent toujours être réincarnés uniquement dans leur propre espèce. Cette règle s'applique uniquement à un clan avec un karma très chargé, lorsqu'une personne n'a pas le temps de travailler sur son propre karma, mais en accumule encore plus. Nous pouvons dire: moins le karma de la personne elle-même est faible, moins le péché de la race est faible (ou il est totalement absent).

Et si le péché du clan disparaît de cette manière, alors la nécessité de se conformer à cette condition pour la réincarnation des parents décédés dans son propre clan disparaît.

Travailler le péché par l'action opposée. Lecteur.

Comment les péchés sont-ils supprimés par l'action inverse?

Réponse. Même si une personne prie constamment et ne fait rien, elle donnera peu. En faisant cela, il montrera simplement à Dieu qu'il a compris son péché et qu'il est prêt à se corriger. Autrement dit, s'il y a un fait de trahison, alors il doit rester vrai tout au long de sa vie. Volé - donnez autant que vous avez pris, mieux pour le traitement des enfants, dans les orphelinats, les maisons de retraite, dans les refuges pour animaux. Nous pensons que le principe est clair. Dans la 5ème race cette règle existe, pour la 6ème race elle ne sera pas là, un processus légèrement différent de travail sur le karma commencera à opérer là-bas.

Lecteur. Si je comprends bien, chacun a toujours son propre karma et les âmes ne souffrent pas pour les autres, mais d'où vient cette information alors?

Réponse. Il est inutile que les âmes souffrent pour les autres, car les âmes pécheuses finiront par rester avec leurs énergies sales, et l'ouvrier fera un travail vide et s'acquittera facilement de la tâche, car il a cette qualité, l'opposition au péché, aura déjà été développée dans une certaine mesure, par conséquent, pour lui-même ne pourra même pas trouver quoi que ce soit d'utile.

Une telle information, sur le fait de travailler pour un autre, provenait de l'ignorance de la technologie de la réincarnation. Les gens ne comprennent pas que seules les âmes des parents qui doivent travailler sur leur propre péché (et ce sont loin des enfants, mais des grands et des arrière-arrière-parents) peuvent entrer.

Lecteur. Maintenant, il existe de nombreuses techniques pratiques que les gens utilisent pour travailler avec la famille, et elles s'améliorent vraiment. De quoi tout dépend-il? Et de telles pratiques peuvent-elles elles-mêmes, comme les codes, faire, ou y a-t-il un lien avec une personne, qui exactement et avec quel karma pratique ces pratiques?

Par exemple, dans la pratique, les gens réconcilient l'accouchement avec le père et la mère, et pour beaucoup cela fonctionne et la vie s'améliore.

Et si les cosmo-âmes - comment le travail se passe-t-il pour la race, uniquement par des actes et des actes?

Réponse. Les pratiques sur lesquelles vous écrivez peuvent être réalisées par n'importe qui. Cela ne dépend pas du fait que l'âme soit avec ou sans karma ancestral. La technologie est la suivante.

Le Déterminant voit qu'une personne a réalisé ses péchés et essaie de s'en nettoyer en utilisant des pratiques. Dans ce cas, le Maître Céleste donne à son disciple un signe qu'il fait la bonne chose en faisant des affaires spirituelles, et retarde le karma pendant un certain temps (par conséquent, la vie s'améliore).

Cette amélioration de la vie est suivie par des vérifications du Déterminant pour un pourcentage de changement dans le comportement d'une personne - combien il a travaillé sur lui-même afin de se transformer pour le mieux. Avec un changement conscient, il est plus facile pour une personne de faire face à son karma, qui, de toute façon, lui reste et qu'il devra travailler par l'action inverse.

Nous attirons votre attention sur le fait qu'aucune quantité d'études spirituelles et de prière ne permet de se débarrasser des péchés - seul le fait de travailler par l'action opposée supprime ce karma. Et une bonne vie, par conséquent, est une avancée vers la prise de conscience, montrant que vous êtes sur la bonne voie. Les âmes cosmiques n'ont pas de karma générique, seulement un karma personnel.

EXTRASENS UTILISENT DES CONNAISSANCES DÉCOULÉES

Lecteur. Dans des programmes télévisés tels que "Combat des médiums", les médiums disent constamment que les événements du présent (plus précisément, des cas graves, des échecs) pour les participants à ces programmes se produisent comme une expiation pour le péché d'un de leurs ancêtres jusqu'à la 7ème génération. Il ressort de leurs paroles que les gens du présent expient non pas leur propre péché personnel, commis par leur âme dans l'une des réincarnations passées, mais expient le péché commis par l'âme de leur ancêtre dans l'une de leurs incarnations passées.

Expliquez comment comprendre cela à la lumière des nouvelles connaissances. Après tout, vous écrivez que l'âme accumule du karma pour ses actions injustes dans les réincarnations passées et ne souffre dans le présent que pour ses propres péchés du passé. Et les médiums, les gagnants de l'émission "Combat des médiums", déclarent que les personnes qui viennent au spectacle avec leur chagrin, dans le présent, ne souffrent pas pour leurs péchés, mais pour les péchés de leurs ancêtres, par exemple, grands-mères ou grands-pères. Comment comprendre leurs explications?

Réponse. Les médiums ont une quantité de connaissances dépassée et fonctionnent avec des concepts passés. Directionnalité. Nous disons qu'une personne n'est pas responsable des péchés de ses ancêtres, car le but de corriger les péchés est la construction correcte de la personne pécheresse dans la matrice.

Chacun, corrigeant son péché personnel, supprime la mauvaise construction dans la matrice et par de nouvelles actions (actions d'expiation du péché) lui-même dans sa propre matrice crée de nouvelles structures nécessaires qui contribuent au progrès de son âme. Expier le péché, c'est vous édifier sur une base légale. Si le descendant corrige le péché de l'ancêtre, alors comment pourra-t-il reconstruire sa matrice personnelle, si l'ancêtre est déjà incarné dans une autre personne? Cela ne peut arriver que si l'âme d'un ancêtre donné est incarnée dans le corps de son descendant (petit-fils, arrière-petit-fils, arrière-arrière-petit-fils, etc.). Il accomplit toujours ses propres péchés dans le corps du descendant.

Pour s'orienter correctement dans les actions d'une personne, les médiums doivent passer à un nouveau niveau de concepts, sinon ils induisent les gens en erreur. En ce qui concerne le karma du clan, dans un clan, sont rassemblées les âmes qui ont commis les mêmes offenses et travaillent à travers des péchés similaires dans des situations similaires. Et les médiums perçoivent cette situation sous la forme d'un karma générique.

Il est pratique pour les Supérieurs de mener des karmas génériques, car de tels programmes sont élaborés pour les gens et que les programmeurs consacrent moins d'efforts à les calculer, et les Déterminants peuvent également observer comment différentes personnes traversent les mêmes situations, les colorant avec leur individualité. Autrement dit, les Maîtres Célestes reçoivent également une certaine expérience pour eux-mêmes.

KARMA ET PARDON DES PÉCHÉS

Lecteur. Selon la loi du karma, une personne doit ressentir sur elle-même dans son incarnation actuelle tout le mal qu'elle a infligé à quelqu'un dans les incarnations passées. Le livre "À la recherche du tiers monde" décrit l'événement du meurtre de l'oncle du personnage principal par ses amis.

D'après la narration, il est clair que l'oncle n'avait pas de péchés graves, à l'exception de l'abus d'alcool, pour lequel il a été décidé de le tuer. Mais ses amis ne remplissaient pas la fonction de tueurs selon le programme du Hiérarque du Système négatif. Donc l'oncle a été tué juste à cause du choix d'amis? Cela signifie-t-il que cela pourrait être?

Réponse. Les meurtres sont toujours un travail karmique, donc les gens ne peuvent pas être guidés par un simple désir, et leurs pensées et leurs actions, même spontanées, sont dictées par le programme. Fondamentalement, tous les meurtriers viennent du Système du Diable, mais il peut y avoir encore de jeunes âmes positives inexpérimentées qui sont incitées par des Substances négatives du plan subtil ou physique. En fonction de la façon dont l'acte suscité, ils sont forcés de travailler hors du karma ou envoyés au Système du Diable.

Pour les jeunes âmes, toute incitation est un test, un test de tendance aux vices. Le passage correct de telles incitations augmente la puissance de l'Esprit, la puissance de la Volonté; et les mauvaises actions génèrent du karma. Ainsi, la situation dont vous parlez donne à une personne l'opportunité de développer sa puissance de l'Esprit ou de gagner un nouveau karma. Tout est évident ici.

AFFINER LE PROGRAMME

Lecteur. J'ai lu dans un livre que la connaissance de l'avenir sera payée par les non-vivants. Dois-je bien comprendre que nous parlons d'énergies non reçues, puisque la situation s'adoucit dans ce cas?

Réponse. La connaissance du futur n'adoucit pas la situation, mais au contraire aggrave la position de l'individu, puisqu'elle commence à moins penser, ne fait aucun choix, mais va simplement vers un but illusoire qui lui est révélé, par exemple, par une diseuse de bonne aventure ou un astrologue. Autrement dit, son âme ne fonctionne pas et ne se développe donc pas correctement. Pour cette raison, une personne passe du chemin du progrès au chemin de la dégradation, et le résultat indiqué par le diseur de bonne aventure est mis à l'écart.

Une personne a des options de développement, donc le diseur de bonne aventure indiquera la situation, par exemple, dans la première version de son exécution, et la personne, en raison de son mauvais comportement, se tournera vers la deuxième option. Puisqu'il suit le chemin facilité, il a des défauts dans les qualités de son âme, ce qui conduit au fait qu'il est compliqué par des situations ultérieures de la vie ou de la vie future.

Les situations non vécues sont des situations de la variante de développement la plus progressive, car une personne choisit un chemin facilité, ce qui pour elle est la dégradation. Mais, en option, il se peut qu'une personne se rende correctement à l'événement prévu. Dans ce cas, il n'a pas de dettes, mais pour celui-ci il faut faire de grands efforts de son propre esprit.

NOTRE UNIVERS A-T-IL D'AUTRES MANIÈRES DE DÉVELOPPER LES ÂMES

Lecteur. Nous nous développons par choix dans le bien et le mal. "Il existe de nombreuses directions de développement dans différents mondes, et le développement ne se limite pas aux voies qui existent dans le monde terrestre" ("Secrets des Mondes Supérieurs" p. 250).

Pouvez-vous donner des exemples d'autres modes de développement dans notre Univers?

Réponse. Notre Univers est structuré de manière double, c'est-à-dire qu'il n'y a que deux pôles - positif et négatif. Par conséquent, seul le développement oppositionnel est présent ici. Et à en juger par la structure de l'âme humaine trine, qui reflète pleinement la Trinité du volume de l'Univers, tout en Lui adhère à la dualité du développement. (La troisième partie Administrative de l'âme et tout volume mondial de l'Univers sont également construits sur la base d'une dualité d'ordre supérieur.) L'évolution de l'Univers n'implique toujours qu'une direction positive et négative du développement.

CHAPITRE 7
HOLOGRAMMES GÉNÉRALES ET PRIVÉES.

Ce chapitre est un ajout au livre "Réponse à Pythagore", ou plutôt à ses chapitres 4, 5, 6. Les informations que nous recevons sont telles que les Supérieurs continuent de donner progressivement des connaissances uniquement aux connaissances déjà élaborées par le lecteur, lorsque des moments de malentendu sont révélés. incohérences dans leur esprit. Et après cela, tout ce qui est incompréhensible commence à acquérir de nouvelles informations supplémentaires. Nous étudions tous ensemble, c'est une énorme classe mondiale, mais les étudiants ne sont prêts qu'à étudier. Ceux qui ne le veulent pas peuvent calmement se retirer et vivre leur propre vie.

COMMENT LES HOLOGRAMMES SONT-ILS CONSTRUITS ET POUR QUEL BUT

Lecteur. Comment les hologrammes de situations sont-ils construits et une personne peut-elle les dépasser à volonté?

Réponse. Tout programme est créé par l'idée des Supérieurs, qu'ils incarnent d'abord dans leurs plans, puis - calculent les programmes qui devraient finalement conduire à la réalisation de leurs plans.

Lorsqu'un programme pour la vie d'un individu ou d'une société particulière est créé, alors des situations de développement d'événements sont planifiées avec lui, qui (événements)* sont placés dans le temps et l'espace dans le programme général et l'hologramme de l'humanité, du pays, de la nation. Mais tout cela se déroule d'abord dans le monde dans lequel les Supérieurs existent. En fait, avant toute action sur Terre, ils développent leurs projets dans lesquels les gens sont des unités de travail. Les premiers sont des parcelles qui unissent situations-événements, puis tout cela est soumis au calcul avec la définition du matériel dépensé sur les bâtiments, les délais, la précision de la régulation du cours des événements, etc. Beaucoup est fait en utilisant des modèles standard pour la compilation et la construction de la vie sur terre, car ces modèles sont utilisés tout au long de la cinquième race.

Mais compte tenu du fait qu'il met fin à son existence, il est nécessaire de corriger la situation, en l'amenant au résultat requis par les Supérieurs.

Lorsque les programmes sont développés et calculés, les situations prévues du projet sont transférées dans le monde terrestre, mais pas dans le monde physique, mais dans le monde subtil. La Terre a ses propres énergocorps (enveloppes)*, qui sont ses plans subtils de différents Niveaux. Mais le plan subtil, dans lequel travaillent les Constructeurs Célestes, existe au-dessus du plan subtil terrestre, dans lequel sont construits des hologrammes de situations de notre société. Tout se termine à une certaine date.

Lorsque le programme commence à s'incarner dans le monde terrestre (dans les plans éthérique et astral)*, alors, conformément à ce programme, d'autres Supérieurs et Constructeurs Célestes, assembleurs, commencent à monter les situations de la société et de la vie humaine dans une version holographique.

Étant donné que le programme contient toujours un choix d'actions, cela vous permet de construire la société elle-même et le monde qui l'entoure de manière créative et de différentes manières.

Ce que sera la société et sa vie dépendra finalement du choix fait par la personne elle-même ou par la société (si le choix est fait par un vote majoritaire). Mais peu importe ce qu'une personne choisit, elle ne peut pas aller au-delà des situations holographiques. Ils limiteront toujours ses activités, car ils représentent des constructions spéciales par lesquelles il ne peut pas franchir le pas, bien que généralement il ne soit pas capable de le comprendre lui-même. De même, une mouche souhaitant s'envoler à travers la vitre d'une fenêtre sur la rue n'est pas en mesure de comprendre pourquoi elle échoue. Bien que les informations que nous avons données peuvent déjà motiver une personne à étudier ces structures et à les comprendre, ce qui limite son mouvement dans l'espace.

Tous les hologrammes correspondent aux plans des Substances Supérieures*, et par conséquent, le monde terrestre doit être précis pour accomplir ce qui a été conçu et planifié par eux. Et à partir de là, une personne n'a pas le droit de dépasser les limites de son hologramme personnel, ce qui lui donne un espace dans lequel il peut se déplacer et qui le limite dans ses mouvements à volonté. Cela ne devrait pas être le cas, car une personne est volontaire et, si elle entre dans les hologrammes des autres, peut y gâcher beaucoup, ce qui peut finalement conduire une autre personne à la non-réalisation de son programme et à la perturbation des plans des Supérieurs.

Les hologrammes aident les Supérieurs à contrôler les activités des gens en tant que processus spécifique, car ils, ne comprenant pas les Objectifs Supérieurs, sont capables de nuire gravement à leurs plans. Par conséquent, les activités des interprètes du plan inférieur sont toujours limitées à certaines installations logicielles, ainsi qu'à des structures holographiques.

Comment trouver ces structures? Par exemple, maintenant dans le processus de restructuration de la Terre, certaines restrictions ont été supprimées et les gens ont commencé à voir toutes sortes de chupacabras, des animaux étranges qui nous viennent d'un plan parallèle; ils apparaissent soudainement dans notre monde, puisque les restrictions entre les mondes ont été temporairement levées (les gens disent à ce sujet - «les portails sont ouverts»). Mais alors ces animaux retournent à eux-mêmes, à leurs habitats conformément à leur programme, puisqu'ils ne peuvent pas rester longtemps dans des hologrammes qui ne leur sont pas propres. Une personne dans ses études est souvent arrêtée par la peur.

Par conséquent, lorsqu'elle franchit un portail vers un autre monde, elle a peur et s'efforce de retourner d'où elle vient.

À PROPOS DE LA CONSTRUCTION D'HOLOGRAMMES DE VILLES ET D'AUTRES CHOSES
(contacter V. Buzhak)

Dans ce chapitre, nous avons décidé d'inclure les informations de notre lecteur Victoria Buzhak. Il complète nos informations sur les hologrammes, confirmant sa véracité.

Nous, les auteurs, avons récemment commencé à parler d'hologrammes, et les gens ont déjà commencé à les voir: c'est typique des adultes et des enfants (jusqu'à 7-8 ans). Les visions d'hologrammes par les enfants sont souvent appelées leur fantaisie. Mais les mal comprendre et l'ignorance de ce qui existe autour d'une personne permet aux adultes de ne pas prêter attention à ce que les autres disent.

Par exemple, un lecteur, observant son petit-fils, a remarqué son comportement étrange: il semblait parfois se figer et regarder silencieusement à un moment donné pendant longtemps, et quand elle lui a demandé où il regardait, le petit-fils a décrit des bâtiments étranges.

Et la grand-mère pensait que le petit-fils se souvenait de ce qu'elle lui avait lu dans des histoires au coucher, et le présentait maintenant comme une évidence.

Quand elle nous a écrit à ce sujet, nous nous sommes rendu compte que le garçon voyait périodiquement des hologrammes de vieux bâtiments, qui reculent progressivement dans le passé. Mais étant familiers avec nos informations, les jeunes mères et pères peuvent demander soigneusement à leur enfant ce qu'il voit, avoir une idée de ce qui se trouve à côté d'eux et, éventuellement, dans leur appartement. Cela permettra de comprendre comment certaines structures situées dans des dimensions différentes sont combinées dans un volume spatial.

Les matières appartenant à des dimensions différentes ont une propriété étonnante de compatibilité entre elles sans obstacles. Dans le même temps, les bâtiments situés dans une dimension sont invisibles à l'œil humain, qui n'est pas à l'écoute de la perception de la matière dans une autre dimension.

Du fait de ces propriétés de la matière, diverses mesures permettent de localiser simultanément plusieurs bâtiments dans une unité de volume. Ces structures sont constituées de différents types de matière. Et chaque nouvelle dimension permet à sa matière de ne pas interférer avec l'existence d'une autre matière. Dans le même temps, les caractéristiques de la vision de l'œil humain lui rendent ces bâtiments invisibles, bien que certains voyants, avec une certaine humeur, soient capables de voir non seulement des bâtiments, mais aussi des batailles entières d'événements passés les balayant juste là.

Une de ces voyantes, spécialement à l'écoute, a vu de terribles batailles du Moyen Âge dans son appartement: «Il s'avère que des chevaux couraient autour de nous, des chevaliers en armure coupaient avec des épées, des têtes volaient. Mais tout cela n'a été vu que par le clairvoyant et nous l'a dit, et nous avons pensé à quel point il était bon de ne pas voir ces passions. C'étaient des hologrammes d'un certain moment du passé de la Terre.

Et ainsi, à travers cette clairvoyante, ils nous ont montré comment des événements de dimensions différentes peuvent être combinés quand il y avait une telle stratification des situations de la vie moderne et du passé. Autrement dit, à chaque point de l'espace de notre Terre, ce qui peut exister n'est pas clair. Mais les propriétés spéciales de différentes dimensions vous permettent de voir une chose et de ne pas en remarquer une autre.

Il est encore difficile pour les gens de comprendre ce multicouche, et il faut donc s'efforcer de se développer le plus rapidement et le plus productivement possible afin d'apprendre à comprendre de plus en plus ce qui les entoure et leur intérieur!

Et ici il est même possible de dériver la loi d'indépendance de l'existence de la matière d'une dimension à partir de la matière d'une autre dimension. Mais nous laisserons cela aux mathématiciens. Ils doivent aussi faire des découvertes.

Prenons maintenant un exemple de la vision des hologrammes par notre lecteur Victoria Buzhak. Comment c'est arrivé avec elle.

Victoria a son propre contact avec le Déterminant et écrit des informations intéressantes sur les hologrammes qui confirment et complètent les nôtres. C'est déjà une vision consciente d'un adulte. Elle était en excursion dans la ville de Saint-Pétersbourg pendant plusieurs jours et y vit de façon inattendue, dans des bâtiments d'architecture, sur des monuments et des compositions sculpturales, des signes de l'arrivée des Messagers sur Terre. Passons à sa lettre:

«........ Toutes les confirmations concernant votre apparition sur Terre - la présence des Messagers, ont été spécialement matérialisées par les plus hauts dans les sculptures et les complexes architecturaux de Saint-Pétersbourg et nous sont parvenues, indiquant l'origine russe du souverain de la sixième race.

... Quand j'ai posé mentalement une question à mon Maître, - écrit Victoria, - Comment de si énormes Atlantes et la Colonne d'Alexandrie ont-ils été coulés sans une seule couture, la réponse suivante m'a été envoyée:

- Il s'agit d'un moulage d'hologramme informatique, la matérialisation sous une forme donnée est fermée jusqu'au New Time. La configuration des sept merveilles du monde, de nombreux complexes architecturaux, des villes sur différents continents est le développement d'un projet commun avec un système de configuration matérielle. Avec le paysage de la Terre, Nous avons créé et calculé le remplissage architectural des villes (plus tard, vos bâtiments primitifs ont été ajoutés).

Tous ces chefs-d'œuvre ont été remplis d'une machine spéciale de matérialisation par ordinateur, conçue par le principal architecte et ses assistants. Des tableaux et codes spéciaux vous permettent de structurer les composants nécessaires en fonction de leur composition et d'abaisser leur Niveau énergétique pour compléter la matérialisation. Ce sont tous les développements de l'un de nos Systèmes Supérieurs travaillant avec l'humanité.

Le travail est très intéressant et minutieux.

Ces merveilles du monde, complexes architecturaux, peintures des grands, sculptures, rues entières, temples majestueux sont donnés comme norme pour identifier et faire croître les âmes prometteuses.

Un lot d'âmes expérimentales est lancé sur Terre, le temps est allumé. À la fin des expériences, chaque système récolte sa propre récolte. Le temps s'éteint.

Nous supprimons généralement les objets matériels de la civilisation selon plusieurs programmes.

1. Élimination du luminaire principal.

2. Démarrage du récupérateur-désinficateur magnétique d'urgence pour les âmes.

3. Raccordement du système pour l'élimination des déchets précédents.

4. Décomposition aux plus petites particules de toutes les enveloppes abandonnées de biorobots.

5. Décomposition aux plus petites particules de toute la créativité terrestre des biorobots.

6. Désinfection à l'ozone des déchets doit être effectuée en continu.

7. A cet objet, après désinfection, il ne reste plus que les objets de base de l'architecture matérialisée plus tôt par nous, qui font partie du paysage. Les compositions spéciales font leur travail à temps: liquide, gazeux, ultrasons, microbes, toutes les particules du noyau sont activées par étapes.

Les déchets ressemblent à de la terre ordinaire. Dans de nombreuses villes de la cinquième race, le premier étage est à moitié recouvert de terre - (ce sont les conséquences de l'élimination).

Où et dans quelles villes, localités, continents une grande accumulation de terres témoigne de la quantité de matériel utilisé antérieurement.

Ces territoires sont considérés comme «fertiles» et sont à la base de la construction d'une nouvelle civilisation - la race.

Les artefacts trouvés de la race précédente, la civilisation sont traités, certains sont créés à nouveau et posés à certains endroits spécifiquement pour des tests supplémentaires d'âmes individuelles et pour maintenir de nouvelles histoires mystiques.

Sincèrement et avec amour pour vous - Victoria Buzhak. "

C'est la réponse que Victoria a reçue. Cette reconstruction de bâtiments ressemble à "une conception moderne virtuelle à l'aide de la technologie informatique". Nos contemporains savent déjà recréer à l'aide d'ordinateurs à la fois matière et détails pour certains bâtiments. Reste à maîtriser le projet sur la dématérialisation des déchets et ordures accumulés par la civilisation.

Ce contact confirme que toutes les inventions viennent des Supérieurs.

Sur la base de ses informations, il est possible de comprendre que les Supérieurs prennent des matériaux pour des hologrammes sur les plans subtils, en utilisant quelque chose de similaire à notre "conception virtuelle utilisant la technologie informatique" moderne. Son contact a eu lieu il y a plusieurs années, mais on voit qu'il a un avenir. Déjà les gens ont commencé à maîtriser l'impression de différentes pièces matérielles sur une imprimante 3D, les gens essaient déjà d'utiliser un ordinateur moderne pour matérialiser certains objets. Et c'est le début de l'utilisation des nouvelles technologies.

HOLOGRAMMES DU FUTUR

Lecteur. Les hologrammes de situations dans le futur ou la phase passée ressemblent-ils à des peintures mortes ou à des animations "en direct"?

Réponse. Si une personne se déplace dans le futur, cela suggère qu'une telle variante des événements de sa vie est incluse dans son programme afin de familiariser davantage les personnes qui sont dans le temps présent avec ce qu'il y verra (dans le futur). Cela devrait aider les gens du présent à prendre la bonne décision dans une certaine situation de la société, qui n'a pas encore pris forme, ou à corriger certains événements du présent afin que ce qu'ils voient:

a) exactement arrivé s'il est positif, ou; b) essayez de l'éviter si l'événement futur est négatif.

Mais fondamentalement, les gens considèrent la visite du futur comme un voyage amusant ou passionnant et rien de plus, sans essayer de se demander à quoi cela sert.

Mais revenons précisément à la situation même de l'avenir. La situation est inscrite dans le programme et se déroule dans les limites du programme privé de l'individu. Autrement dit, une personne ne verra qu'un fragment du futur et seulement ce qu'elle traversera par elle-même. Autrement dit, il ne pourra pas voir la situation dans son ensemble comme un événement complet à ce stade, en raison de la limitation de sa perception. Bien que des personnes plus développées à cet égard puissent déjà apparaître. Mais nous parlons toujours de la personne moyenne de la cinquième race et de ses capacités. Selon le programme, un individu, désireux de connaître l'avenir, se déplace vers une situation spécifique qui porte certaines actions pour la société et pour lui-même.

Il y a ici deux possibilités pour l'avenir:

Première option. Cet hologramme, dans lequel une personne se déplace, peut ne pas être impliqué dans le moment présent dans le temps, et il (une personne)* le verra comme un fragment d'une image tridimensionnelle de l'avenir. Dans cette version, il est à quelques minutes et pas plus. Autrement dit, il a la possibilité de considérer et de se souvenir de tout ce qu'il voit. Cette option n'a aucun effet, mais elle est plus couramment utilisée.

Deuxième option. Une personne a la possibilité non seulement de se déplacer dans n'importe quelle situation du futur, mais aussi d'y rester plus longtemps, ressentant l'esprit du futur. Naturellement, il y aura d'autres énergies que les énergies modernes dont il est issu. Et les nouvelles énergies seront perçues par lui comme de nouvelles sensations du futur.

Dans cette version, l'individu, entrant dans l'événement du futur, **inclut avec son moment du temps présent la situation de son propre futur.** Par conséquent, les hologrammes qu'il contient sont mis en mouvement au moment de son programme personnel. Tout commencera à se passer comme dans le temps présent, lorsque cette âme atteindra le point correspondant de son développement. Autrement dit, tout autour de lui bougera.

Au retour, une personne donnée peut même apporter avec elle au présent, dont elle est issue, un objet, mais cet (objet)* disparaîtra de lui après un certain temps. Les plus élevés le ramèneront à ce moment du temps futur d'où il a été pris.

Cet objet porte le potentiel du futur - plus élevé que le potentiel du moment présent dans le temps, à la suite de quoi il peut commencer à détruire la situation avec moins de potentiel, ce qui ne devrait pas être autorisé. (La situation actuelle ne peut pas être détruite par le potentiel du futur, car cela changera le cours des événements futurs pour cette personne en plus de ses décisions.)

HOLOGRAMMES DU FUTUR

Lecteur. Que sont les boucles temporelles?

Réponse. La boucle temporelle n'est qu'une des options du programme de développement humain. Une personne fait tout bon ou mauvais choix, et la boucle lui donne le temps de prendre conscience du chemin choisi, après quoi elle revient presque au même point de départ (Fig. 1). Mais entre le début de la boucle (Image 1, A) et sa fin après avoir visité le futur au point de retour (Image 1, B), il y aura toujours un certain intervalle de l'écoulement actuel du temps (Image 1, "t"), qui restera invisible pour une personne , mais il l'aidera à poursuivre **son chemin dans la direction nécessaire aux Supérieurs.**

La boucle temporelle peut être qualifiée d'enseignement, éducative, permettant à une personne de réaliser beaucoup de choses en un court instant de l'écoulement actuel du temps. Un homme du futur (Image 1, B) retournera au temps présent (Image 1, C). Revenant à la situation de choix (de B à A), une personne ou le public peut faire un nouveau choix, cette fois le bon, du fait qu'on leur a donné le temps "t" de repenser leur choix. Après avoir repensé, une personne ou une société se dirigera désormais vers la situation «c». Et le chemin "A-c-B" sera correct pour eux, en conséquence ils réaliseront un avenir heureux.

Cependant, la vitesse de passage du temps dans la boucle sera beaucoup plus élevée que la vitesse de son mouvement dans le moment présent (Image 1, AB), reliant le début et la fin de la boucle. Mais comme une personne participera aux événements passés, elle ne ressentira pas cette différence de vitesse, mais elle pourra faire le bon choix.

Lecteur. Dans le dernier livre, vous avez écrit sur les boucles temporelles du futur et du passé. Comment diffèrent-ils les uns des autres. Est-il possible de les afficher schématiquement. Cela rend le sujet plus facile à comprendre.

Réponse. Les boucles temporelles sont associées aux programmes humains. **En réalité, ils n'existent pas dans le monde terrestre**.

Et ils sont donnés à une personne dans le but de réaliser quelque chose ou de corriger une erreur. Mais cela arrive très rarement, car les Supérieurs essayent de tout prévoir.

Passons à la boucle temporelle menant au futur (Image 1). Puisque tout poursuit ses propres buts, alors un individu, pour qui un événement du futur est découvert, a l'opportunité de voir de ses propres yeux un fragment du futur et, de retour, de donner à ses contemporains l'espoir qu'il (le futur)* sera heureux et beau, afin qu'ils aient espérer l'avenir et serait plus attentif à leurs actions dans le présent (Image 1, A), et ferait le bon choix dans sa direction.

Boucle temporelle menant au futur

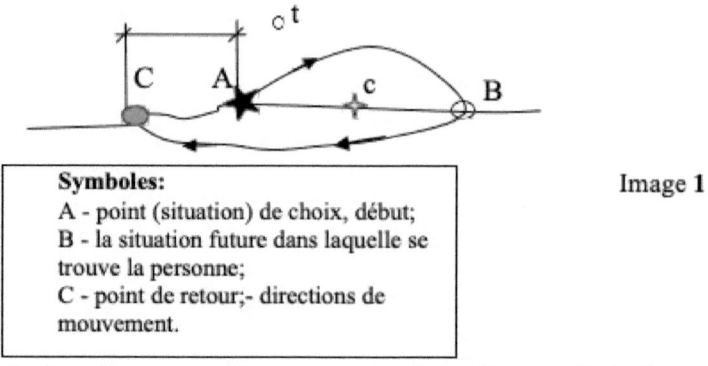

Image 1

Symboles:
A - point (situation) de choix, début;
B - la situation future dans laquelle se trouve la personne;
C - point de retour;- directions de mouvement.

Les nouvelles connaissances devraient accroître le sens de la responsabilité des gens pour leurs actions, les décisions prises et surtout le choix des moyens pour le développement futur de la société.

L'espoir d'un avenir meilleur est souvent un formidable stimulant pour les actions correctes d'une personne, pour envisager sérieusement chaque étape à venir, comme dans une partie d'échecs. Après tout, une personne peut ne pas penser si un avenir merveilleux l'attend. Il peut décider, puisque l'avenir est déjà construit et apporte des moments positifs, ce qu'il ne fait pas maintenant, mais vous y parviendrez certainement.

Cependant, de nouvelles informations, des connaissances sur le programme et la présence de situations de choix et de chemins différents, devraient alerter une personne et la forcer à réfléchir exactement à chacune de ses étapes, ce qui peut conduire à tel ou tel moment de choix. S'il (le choix)* existe, alors, par conséquent, il existe des moyens qui peuvent conduire une personne loin d'un avenir merveilleux - vers un avenir terrible.

Après de telles visites, tout un groupe de programmeurs doit calculer quelles actions peuvent être effectuées au point de choix et quels chemins et événements peuvent se produire dans l'un ou l'autre intervalle de temps dans la situation actuelle dans le pays et dans le monde. (Tout cela doit être fait dans le temps "t" (Image 1)).

Autrement dit, une boucle temporelle est donnée ou introduite à l'avance dans le programme d'une personne particulière, qui sera ensuite envoyée dans le futur. Une telle boucle temporelle dans le futur est prévue comme une option de choix supplémentaire, **et cette option est lancée artificiellement comme une répétition du moment du choix, si elle a déjà été faite par des personnes et commise incorrectement.**

Ce chemin peut encore être appelé "le chemin salvifique de l'humanité". Supposons que le choix ait été fait vers la troisième guerre mondiale (Image 1, B), qui devrait être comprise par l'humanité lorsque les situations sur le chemin choisi atteignent une certaine date. Une personne ne sera pas montrée dans les futures situations de destruction globale, car elles sont souvent si choquantes qu'après ce qu'elle voit, une personne non seulement ne reçoit pas d'incitation à penser à l'avenir, mais la peur pour elle paralyse tellement la pensée de l'individu qu'elle peut même, au contraire, tomber dans la prostration des soucis pour votre avenir et vos proches. Par conséquent, les bonnes situations sont généralement choisies pour stimuler une réflexion sobre.

RAISONS DES COMPLICATIONS DES SITUATIONS DE VIE

Lecteur. Une personne doit constamment s'acquitter d'une sorte d'énergodettes*. Vous écrivez souvent que ces dettes peuvent être réglées en compliquant des situations de la vie. Et ici, je voudrais clarifier: comment les situations dans la vie d'une personne peuvent-elles devenir plus compliquées?

Réponse. Nous savons que les situations de la vie où travailler sur des dettes énergétiques peuvent être compliquées en raison de la maladie ou d'une mauvaise santé d'un individu, de l'apparition d'une température soudaine, etc.

Si le karma d'une personne provient de l'incarnation passée, alors travailler sur les situations de la vie future se produit au détriment de la complication du scénario de son destin; une personne peut avoir un accident, sa maison peut être détruite par un tremblement de terre, une inondation. Lui-même peut être envoyé dans la taïga pour le travail, où il se perdra et sera dans une longue recherche de personnes; devront se battre pour leur propre survie. Quiconque façonne les événements de la vie peut délibérément créer une situation dans laquelle, par exemple, quelqu'un attaque cette personne, la bat, vole des documents, un portefeuille. Au détriment de telles pertes, l'individu couvre une partie de ses énergodettes.

Un scénariste peut écrire une situation en lui inventant un problème au travail: par sa faute, un plan ou une livraison d'un produit est perturbé, et il doit tout normaliser. Ce problème est si difficile qu'une personne est déprimée pendant longtemps, une idée après l'autre apparaît dans sa tête et s'effondre immédiatement. Et jusqu'à ce qu'il trouve la bonne solution, il devra bien transpirer, ne pas dormir la nuit à cause de l'inquiétude qui le déchire.

Le Scénariste Céleste de sa vie peut entrer dans le programme dans une scène quotidienne de sa femme et de ses enfants le quittant, il peut lui amener des intrigants, des voleurs, des bandits, qui l'intimideront et le garderont à distance. Les situations peuvent être très diverses, jusqu'à la mort de proches.

Une fois les images de la vie formées, ce scénario est transféré au service de la comptabilité avec le passif énergétique de cette personne. Il est rapporté quels types d'énergie il doit et en quelle quantité, ainsi que dans quelles situations par certaines actions une personne peut produire telle ou telle quantité de cette énergie. Et le Système d'établissement calcule quelles actions et en quelle quantité un individu d'un certain potentiel d'âme doit effectuer afin de produire la quantité requise d'énergie d'un type spécifique. Pour cela, ils ont également des graphiques standard indiquant la quantité d'énergie produite par une action particulière et le nombre d'actions qu'une personne doit faire pour rembourser une dette. Les Supérieurs ont leurs propres méthodes et normes pour tout. Mais ils continuent à améliorer leurs méthodes de calcul et à introduire le nouveau dans l'ancien.

Cependant, les situations de la vie d'une personne, si ses dettes ne sont pas particulièrement importantes, peuvent se compliquer pour chacune de ses mauvaises actions par d'autres moyens. Parfois, ils prévoient à l'avance les petites erreurs d'une personne et essaient de le faire pour ne pas transférer leur travail à la vie suivante, mais pour créer les conditions pour les résoudre dans la vie réelle. Par conséquent, au cours des situations de la vie, les Supérieurs colorent les événements de la vie à venir avec le tourment personnel et la souffrance de l'individu. Par exemple, après qu'une erreur est commise dans la situation suivante, où une personne doit partir en voyage d'affaires en toute sécurité, elle est insérée dans une situation où son bus entre en catastrophe, il y a beaucoup de victimes, ce qui se passe n'est pas clair, gémissements, sang, pleurs. Et bien que rien ne lui soit arrivé en même temps, le coupable vivra cette situation pendant 2 mois et, en raison des expériences, dégagera vigoureusement de l'énergie. Pour faire souffrir une personne, les Supérieurs peuvent introduire la maladie de l'enfant. Le père ou la mère, souffrant, produira activement des énergies qui compensent leurs passifs énergétiques. En même temps, de telles situations sont éducatives. Souffrant pour quelqu'un lui-même, une personne commence à comprendre comment les autres s'inquiètent pour leurs enfants et leurs proches.

Mais que peut-on attribuer aux erreurs et délits mineurs? Par exemple, une personne n'avait jamais bu auparavant, mais ensuite elle a bu une ou deux fois et est ensuite tombée malade. Il sera malade aussi longtemps qu'il le faudra pour se débarrasser de l'énergie que l'alcool lui a brûlée. La maladie sera un avertissement pour lui afin qu'il ne recommence pas. Ou un autre exemple, un homme a bêtement poussé un ami en bas d'une colline, et il est tombé et s'est cassé la jambe. Trois mois plus tard, le pousseur lui-même est tombé et s'est cassé le bras avec lequel il poussait son ami. C'est un indice clair de ce pour quoi il a été puni.

Ainsi, le châtiment a immédiatement dépassé la personne, il a été rapidement puni et a travaillé son karma dans la vraie vie. Cependant, ayant saisi le lien entre l'acte et la punition, l'individu après cela n'a rien fait comme les autres. Son mal n'était pas intentionnel, car il voulait juste que son compagnon surmonte sa timidité et glisse sur la colline, mais cela s'est avéré pire.

Si une personne voulait que l'individu reste paralysé et n'interfère pas avec sa vie ou n'interfère pas avec le soin de la fille (dont ils étaient tous les deux amoureux), alors il aurait accumulé un karma d'une nature différente: il serait puni dans les incarnations suivantes autant de fois qu'il en faudrait souffrir. , non seulement pour couvrir les énergodettes, mais aussi pour qu'à travers la souffrance et les tourments personnels, il souffre d'une conscience de la moralité, c'est-à-dire d'une compréhension que cela ne devrait jamais être fait, car il est impossible de nuire à qui que ce soit.

SENTIMENTS D'INDIVIDU DANS LE PROGRAMME AU

MOMENT DU CHOIX

Lecteur. J'ai pu bien et clairement ressentir les moments de mon choix. Parfois, j'étais confronté au choix de faire ceci ou cela. Ayant pris ma décision, j'ai soudainement ressenti un frisson alarmant dans mon âme. Et, en effet, le temps a montré plus tard que j'avais initialement suivi le mauvais chemin. Et parfois, au contraire: après avoir fait un choix, je me suis sentie chaleureuse et calme. Plus tard, le temps a montré que j'avais tout bien fait. Est-il possible de considérer mes sentiments dans l'âme comme ses indices ou parfois ils disent - "les signaux du cœur, son intuition, le pressentiment de l'âme?" Pouvez-vous être guidé par eux?

Réponse. Vous êtes attentif à vos sentiments et cela est utile, car cela vous aidera à comprendre plus tard si vous avez fait le bon choix ou non. Dans ce dernier cas, vous pouvez avoir le temps de tout réparer, si vous ne retardez pas les correctifs pendant longtemps.

Ce sont ces sensations que vous décrivez qui sont un indice de l'âme qu'elle a fait le bon ou le mauvais choix; dans le cas de ce dernier, cela signifiera que vous devez analyser soigneusement toutes vos actions et vous souvenir de cette situation comme une expérience positive ou négative de votre vie. Mais, bien sûr, d'autres peuvent avoir des sentiments différents. Il est important de pouvoir les relier à ce qui les suit. L'essentiel est de comprendre sur quoi vous devez vous concentrer lorsque vous prenez de mauvaises décisions.

Et puis vous trouverez certainement vos propres lignes directrices et pourrez corriger vos propres actions dans la vraie vie, sans conduire à l'accumulation de karma.

COMMENT LES NÉGATIFS MODÈLENT DES SITUATIONS KARMIQUES POUR UN INDIVIDUEL POSITIF

Lecteur. Pouvons-nous dire que les fonctions du Système Négatif du Diable dans les mondes inférieurs, en particulier, incluent (entre autres) la modélisation de situations karmiques négatives, c'est-à-dire des punitions de toutes sortes?

Réponse. Oui, certainement. Les programmeurs négatifs essaient de modéliser le travail du karma pour une personne positive aussi dur et dur que possible. Mais le motif de ces complications pour eux n'est pas que, ayant peur du lourd travail karmique, une personne n'ait plus péché, mais qu'il les considérait comme négatives, supérieures à lui-même, en avait peur et leur obéissait, se rappelant que son destin était entre leurs mains. Et, bien sûr, à cause de leur arrogance, les gens négatifs aiment opprimer ceux qui sont en dessous d'eux.

Les individus négatifs ont beaucoup de travail de toutes sortes, ils forcent non seulement la personnalité positive à travailler sur leur karma en calculant des situations et des actions en eux, mais participent également à la construction d'hologrammes du monde terrestre, et, le cas échéant, à leur dématérialisation, collectant des enveloppes temporaires jetées par les gens après la mort. ... Souvent, ils sont engagés dans l'incarnation dans la vie réelle de certains types d'accidents, de catastrophes techniques, d'incitation à divers types d'individus positifs et de nombreux autres négatifs. Mais l'essentiel pour Eux reste toujours le suivant:

a) Modéliser des situations négatives de nature karmique pour des individus positifs ou pour passer des épreuves difficiles fournies par la présence de personnalités-interprètes négatives en eux (par exemple, un maniaque-tueur prive la vie d'un enfant, condamnant ses parents à une triste existence jusqu'à la fin de leurs jours, ce qui est pour eux punition d'en Haut). Mais les négatifs eux-mêmes n'ont rien par eux-mêmes, personnellement selon leurs intentions, ils n'ont pas le droit de nuire à quelqu'un. Ils ne font que ce qui est écrit dans le programme des personnes par un scénariste spécial. Tout ce qu'ils peuvent faire d'eux-mêmes est de faire trébucher quelqu'un, mais en même temps, ils n'osent pas projeter des conséquences indésirables pour une personne afin que, en tombant, elle ne subisse pas de blessure ou de préjudice à sa santé. Autrement dit, ils doivent en même temps ramasser celui qui tombe et rendre la chute aussi sûre que possible.

Parfois, des personnes négatives peuvent agir comme gardiens d'une personne si elle se rend quelque part dans des endroits difficiles et dangereux. Autrement dit, ils peuvent non seulement inciter une personne à tomber, mais sont également utilisés pour le sauver du plan subtil.

b) En outre, leurs tâches incluent la modélisation de situations négatives pour des individus positifs afin de les placer dans des conditions de souffrance non pas pour des raisons karmiques, mais pour nettoyer leur âme des énergies sales et inutiles et les remplir de légères énergies. Dans ce cas, ils ont beaucoup de travail, car ils doivent constamment surveiller l'accomplissement des tâches fixées par l'individu contrôlé par eux et le maintenir constamment en tension.

Ainsi, tous les entraînements karmiques sont développés par le Système du Hiérarque négatif et souvent pour cela, Ils introduisent leurs réalisateurs dans de telles situations. Par exemple, ils donnent à un enfant positif des parents strictement négatifs, ou ils infusent une âme karmique dans un corps laid, mais en même temps donnent des parents positifs. Dans les deux cas, le programme du Diable, par ses méthodes dures, aide l'âme à se purifier et à retourner à Dieu.

Mais il est beaucoup plus difficile pour le positif de rendre l'individu négatif à lui-même et il est rarement couronné de succès. Par conséquent, la nécessité positive de réfléchir sérieusement à cette menace.

HOLOGRAMMES PRIVÉS DANS UN HOLOGRAMME TOTAL

La dépendance de l'hologramme privé d'une personne sur l'hologramme de la société.

Lecteur. Il y a un hologramme de la situation, et il contient les hologrammes des participants aux événements. Avant que l'événement situationnel ne se produise, l'hologramme du participant est dans un état non manifesté. Qu'arrive-t-il à l'hologramme du participant au moment où cet événement se déroule du futur au présent? Après tout, je suis dans le présent, pas dans un hologramme? Comment un hologramme humain entre-t-il dans le passé lorsqu'il se manifeste et non pas? À quoi ressemble mon hologramme en termes de processus énergétiques, par exemple dans un hologramme de situation? L'hologramme de la situation avant le passage du temps de l'événement futur au présent se situe d'abord dans les dépositaires du plan subtil, et que représente-t-il là?

Réponse. Si un hologramme général est activé (Image 2, A), auquel plusieurs personnes participent, alors pour les particuliers, leurs propres hologrammes (Image 2, H, L) ne seront activés que s'ils (Image 2, " y ") voudront figurer dans cet événement en vertu du choix qui leur est donné.

Autrement dit, dans la situation générale, il peut y avoir des individus principaux (Image 2, H, L) qui, selon un programme rigide, doivent nécessairement passer par cet événement, et des personnalités secondaires (Image 2, "y") qui peuvent ou non participer à cet événement. le même événement. Mais leurs hologrammes sont toujours créés à l'avance et n'attendent que le moment du choix d'une personne.

Pour les individus principaux, pour ainsi dire, les personnages principaux, leurs hologrammes privés sont allumés immédiatement avec l'hologramme général, et ils y participent sans faute, et pour les personnalités secondaires qui souhaitaient ne pas participer à la situation (Image 2, "y"), leur privé les hologrammes ne sont pas inclus.

L'hologramme général "A" de la cinquième race et la connexion des hologrammes privés "N" et "L" avec lui dans la situation "a".

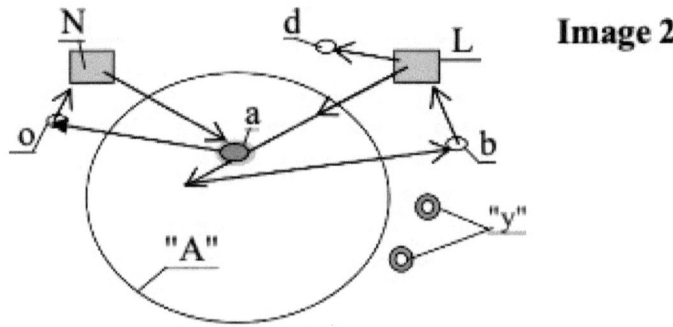

Image 2

Symboles:

☐ - hologrammes privés "N" и "L";

○ - hologramme général de la cinquième race "A"

⬤ - hologramme général "a" pour les personnes se rencontrant dans une situation "a";

◎ - hologrammes d'individus secondaires "y".

Impact d'un programme de société sur un individu.

Lecteur. Lorsqu'il y a un choix dans le programme d'une société, les situations des individus changent également. C'est le moment où la vie de chaque personne dépend du sort du pays. C'est-à-dire que lorsque les événements de la vie du pays tournent, disons, pour le pire, alors involontairement la vie d'une personne change également pour le pire, et il commence à vivre dans d'autres situations, bien qu'il n'ait fait aucun choix dans son programme. Autrement dit, il y a une dépendance d'une résidente du pays sur le choix qu'elle fait. Par conséquent, une personne tombe dans des hologrammes, qui ne sont pas associés à son choix personnel, mais au choix des personnes au pouvoir.

Par exemple, il y a eu une guerre, l'un des dirigeants du pays agresseur a choisi l'option d'une action militaire. Sans la guerre, une personne aurait vécu dans d'autres situations liées à son choix personnel. Disons qu'avant cela, une personne était sur l'une des versions de son programme personnel, où une impasse l'attendait, c'est-à-dire qu'elle pouvait se noyer dans l'eau. Mais si la société a changé la vie de tout le monde, que peut-il alors arriver à la personne qui, selon le programme, était censée se noyer en temps de paix? Cela doit-il encore arriver? Ou mourra-t-il maintenant, sinon mourra-t-il d'une explosion ou d'une balle dans la guerre?

Réponse. Le sort d'une personne est toujours principalement associé au sort du pays dans lequel il vit, et ce lien prend en compte tous les virages brusques possibles dans le sort de chacun. Toutes ces subtilités de changements dans le destin des gens sont prises en compte et progressivement peintes par le scénariste.

Par conséquent, avant d'élaborer un programme de développement pour quelqu'un, le programme du pays est pris en compte et seulement après cela, le programme privé d'une personne est élaboré, où les événements de sa vie s'inscrivent dans la situation du début de la guerre et plus loin, ainsi que ses dettes karmiques sont prises en compte. Tout cela s'inscrit dans les variantes de son destin. Autrement dit, s'il doit être tué, il sera inclus dans la variante d'une sorte de bataille, bataille. Les assassinés sont destinés à être tués à la fois dans la vie pacifique et dans la variante de la guerre. Mais si le pays continue à vivre en paix, et à cause de son karma, il est censé se noyer, alors il sera amené dans une situation pacifique dans laquelle il se noiera certainement, et si, après tout, la société a pris le chemin des opérations militaires, alors la personne qui devrait se noyer sera également amenée à la situation. , dans lequel, disons, il traversera la rivière à la nage et se noiera. Ce qui est dû selon le karma doit arriver, et le noyé doit se noyer. Et le moment même de cet événement tragique peut être composé de divers détails. Une personne peut nager dans une rivière ou un lac, la jambe sera à l'étroit et elle se noiera. Il peut voler dans un avion, qui sera abattu, et celui-ci tombera dans la mer ou le lac, et l'individu qui y volera se noiera également, mais avec des circonstances aggravantes, et ainsi de suite. Les situations karmiques sont remplies exactement.

CHAQUE SITUATION DE PROGRAMME CONTIENT SES ÉNERGIES

Le programme est composé de situations en fonction du stade de développement de l'individu afin qu'il recrute séquentiellement dans les cellules matricielles les types d'énergie qui lui sont prévus par les Supérieurs.

Le programme de vie est constitué de codes énergétiques correspondant à ces situations, travaillant avec lesquels l'individu accumule dans une matrice personnelle ces types d'énergies que l'âme doit traiter par des énergocorps subtils, effectuant diverses actions afin de produire les énergies nécessaires pour cela et ensuite construire les qualités requises pour cela sur leur base. Il est clair que lorsqu'une personne traverse une situation d'étude dans une école ou un institut, elle accumule alors certains types d'énergies, si l'entraînement est conduit dans une école de musique ou de sport, alors dans chacune d'elles, elle travaillera avec d'autres types d'énergies, et son âme formera d'autres types d'énergie dans les cellules de sa matrice. qualité. Si, de retour de l'école, il rencontre un groupe d'adolescents agressifs et qu'une bagarre commence entre eux, alors cette situation lui permettra de former les qualités de défense et sa propre agression, et peut-être la qualité de vindicte. Autrement dit, dans différentes situations de la vie, l'individu travaillera avec des énergies complètement différentes et se construira varié.

La situation forme des actions et elles produisent toutes sortes d'énergies que l'âme doit développer en une matrice. Mais les énergies dans une situation peuvent être opposées et de types différents. Une personne perçoit les énergies d'abord comme des enveloppes temporaires, puis comme des enveloppes permanentes. Et pour chaque situation, le Déterminant attribue à son élève cette énergie primaire, sur la base de laquelle une personne peut faire quelque chose: chanter, faire des exercices sportifs, se défendre. Tout comme un téléphone a besoin d'être rechargé pour fonctionner pendant la journée, une personne a également besoin d'être «rechargée» avec les types d'énergie appropriés afin d'effectuer certaines actions. Si le Déterminant ne donne pas d'énergie à l'élève, alors il ne pourra faire aucune action, il restera passivement allongé dans son lit, incapable de se lever. En conséquence, il n'aura pas le désir d'aller au lycée ou à l'école de musique.

Puisque les situations sont inscrites dans le programme, les calculateurs célestes déterminent à l'avance les types d'énergies et leurs quantités qui sont nécessaires pour effectuer telle ou telle action dans la situation. Et le Déterminant, regardant l'accomplissement du programme de vie par l'individu, fournit à l'avance à son élève les types d'énergies qu'il doit dépenser au cours de la journée à venir. L'énergie est fournie pendant que la personne dort.

À des jours différents, une énergie de différents types et quantités est envoyée à une personne pour sa perception par un individu, ce qui dépend du potentiel énergétique de son âme et de son corps humain, ainsi que de la nature des événements. L'énergie pénètre dans le corps à travers les chakras* et est consommée au besoin par les actions, les pensées et les émotions d'une personne alors qu'elle traverse les événements de la vie. En traitant les énergies qui lui sont envoyées, l'étudiant accumule en même temps de nouvelles énergies pour lui-même et une partie pour les Supérieurs.

Mais dans la production d'énergies, un point important est que les énergies de l'enveloppe astrale correspondent aux énergies et au Niveau de la situation donnée. Il y a beaucoup de toutes sortes de points de jonction nécessaires pour qu'une personne puisse traiter l'énergie qui lui est donnée et en produire une nouvelle.

Lorsque les énergies de la situation avec les énergies dans les enveloppes subtiles résonnent, une personne a des désirs d'une nature différente, ils peuvent être à la fois négatifs et positifs. Au milieu se trouve l'énergie qui traverse les chakras. De plus, à travers les chakras, l'énergie est fournie pour les actions, pour le travail du corps matériel, jusqu'aux atomes et aux molécules, car ils ont également besoin d'énergie pour leur type de travail.

Chaque situation de vie contient presque tous les types d'énergies (y compris les énergies oppositionnelles) nécessaires aux personnes participant à l'événement à venir. Par conséquent, à partir d'une même situation, des personnes différentes, selon le choix qu'elles font, ne tireront pas les mêmes énergies: l'une gagnera du positif, la deuxième négative et la troisième, inactive, ne gagnera rien. L'essentiel pour le développement des énergies est le choix de l'individu, à qui il vient, participant à la situation de vie.

ÉNERGIES SUPPLÉMENTAIRES AUX SITUATIONS AUX POINTS DE CONTRÔLE

Lecteur. En plus du fait qu'une personne doit, en traversant une situation, produire de l'énergie pour elle-même, elle doit aussi recréer une énergie supplémentaire pour les Supérieurs. Comment l'obtient-il?

Réponse. Il le résout du fait que la situation est construite de telle manière que des états vivants avec un certain composite y sont introduits. Ces états sont invisibles pour les humains et inconnus. Ils (étant donné les états auxiliaires de travail) mettent dans l'hologramme les énergies de qualité, l'impulsion dont ces états de vie fournis (homme, Substances du temps, Substances d'intention, Substances d'énergoéchange, Substances de qualité, etc.) sera perçue comme un début d'action. Ils fonctionnent à leur manière et ne sont pas visibles par les humains.

PROGRAMME TERRITOIRE ET SOCIÉTÉ. ÉNERGODÉPENDANCE PERSONNELLE DE SON LOCATION

Lecteur. La Terre est un immense organisme qui a vécu pendant des milliards d'années par rapport à la vie des gens. Et l'agenda de la planète est également un travail difficile. J'aimerais savoir si les vrais chemins de l'humanité ont été envisagés dans son programme immédiatement, avant la naissance de la planète? Et comment tout a-t-il été pris en compte dans une telle variété de formes d'existence, même avec la liberté de choix? Je veux dire - est-ce que la façon dont l'humanité va maintenant, a-t-elle été développée avant la naissance de la planète?

Réponse. Notre planète a un programme de développement mondial. Il contient les principaux points (situations) de développement et les points secondaires. De plus, la durée de vie de la Terre étant d'une durée disproportionnée par rapport à celle des formes qui l'habitent, la planète a l'avantage d'insérer des programmes privés temporaires d'autres formes de vie dans son programme principal.

Mais les programmes de ces formes doivent nécessairement contribuer à son développement. Par conséquent, les programmes privés des personnes, leurs communautés sont temporaires, par rapport au programme à grande échelle de la Terre, et ils peuvent être remplacés ou corrigés. C'est pareil, disons que vous avez acheté une voiture. Vous l'aurez pendant 20 ans, mais vous pouvez périodiquement en modifier les détails internes. Mais ce remplacement contribuera à prolonger la durée globale de son existence.

Il faut garder à l'esprit que la première race est apparue sur Terre en relation avec le besoin de la Terre pour certains types d'énergies, qui ne pouvaient être nourries que par les humains, en tant que forme de vie spécialement créée pour cela. Par conséquent, avant la naissance de notre planète, aucun des Supérieurs n'a jamais pensé si la planète aurait besoin d'un humain en tant qu'espèce, ou si elle aurait besoin d'autres formes de vie.

Par conséquent, le programme de la planète n'incluait pas à l'avance la version du développement que l'humanité est en cours actuellement. Au lieu de cela, lorsque le besoin des types d'énergies qu'une personne devait produire pour cela mûrit, toute autre forme de vie pouvait être créée. Mais cela (une autre forme de vie)* générerait les mêmes énergies que l'humain produit pour la Terre à l'heure actuelle.

Mais il y a un fait intéressant qu'il y a une dépendance de l'échange des énergies de la Terre et de l'humain, dans lequel ce dernier ne peut exister sans l'énergoéchange entre l'humain et la Terre, et la Terre peut se passer de cet échange. Cela suggère une fois de plus que l'humanité a été donnée à la planète comme une version auxiliaire temporaire de sa nourriture avec certains types d'énergies. Par conséquent, visiter d'autres planètes avec des voyages d'affaires à long terme et vivre pour une personne de la 6ème race se révélera être un rêve incompréhensible, les gens ont un potentiel trop faible pour cela. L'humain ne peut se contenter de visiter des mondes parallèles proches de la terre que lors de la 6ème race.

Et ce n'est que lorsque les personnes de la 7ème race maîtriseront parfaitement la téléportation ou la connaissance des moyens de traverser les tunnels d'espaces de dimensions différentes, alors elles pourront se déplacer dans l'espace pendant longtemps sans nuire à leur santé. Car à partir de tels voyages d'affaires, l'état mental souffrira surtout, lorsque les connexions énergétiques de l'échange de la Terre et de la personne seront rompues, à partir desquelles cette dernière commencera à «devenir folle». Mais possédant la téléportation ou la connaissance du mouvement à travers les tunnels spatiaux, ces voyageurs de l'espace pourront une fois par semaine revenir quelques heures sur Terre, et cela suffira pour que leur propre énergobalance soit rétablie de cette manière.

Après tout, une personne, même sur Terre, dépend tellement énergiquement d'un lieu de résidence, bien que lui-même ne sache même pas à ce sujet que certaines personnes, pour la plupart d'un âge avancé, peuvent même mourir dans 4-6 mois, si elles quittent simplement leur lieu de résidence permanent, bien que serait de 100 km. Que dire alors des mouvements intercosmiques à long terme.

Tout cela est dû au fait que si une personne naît et vit au même endroit toute sa vie, son énergoconnexion avec la Terre augmente leur force et, pour ainsi dire, s'enracine dans ce lieu de résidence. Par conséquent, plus une personne est longtemps à un point sur la Terre, plus son énergoéchange avec elle a lieu activement et plus une telle connexion devient forte. La terre, à son tour, lui donne la force de vie sous la forme de sa propre énergie, mais de sa qualité la plus grossière (elle convient donc pour restaurer la santé physique), et une personne lui donne un certain type d'énergie sous la forme de composants qualitatifs spécifiques. Et puisque chaque personne selon son énergoconstruction est une structure strictement séparée, unique et individuelle, développant des qualités strictement spécifiques avec une couleur spécifique personnelle, alors il donne à la Terre un certain type d'énergie spécifique avec un tel échange.

De tout ce qui précède, nous pouvons conclure que l'énergie de la Terre en chacun de ses points est strictement individuelle (puisqu'elle est conçue pour les personnes dans l'énergofonctionnalité desquelles il n'y a pas de répétitions identiques) et est attachée à une personne spécifique «étroitement» s'il vit au même endroit toute sa vie. Par conséquent, pour les individus, l'énergie de la Terre est si vitale que sans ces types d'elle, elle périt immédiatement. Pour la même raison, la Terre, donnant de la vitalité à une personne, le sauve souvent de tout facteur défavorable qui l'affecte. Par exemple, certaines personnes résidant en permanence dans la zone accidentée de Tchernobyl et qui ne voulaient pas quitter leur domicile, ont survécu dans cette zone d'exclusion et y vivent encore aujourd'hui, malgré toutes les conditions d'existence négatives pour leur santé.

Mais la plupart des gens n'ont pas un tel lien avec un lieu, car leurs liens avec la Terre ont un caractère fragile et faible, car ils sont eux-mêmes faibles, ce qui signifie qu'ils ont peu de potentiel. Eux et l'énergie de la Terre génèrent moins. Et les individus à haut potentiel, en règle générale, sont toujours étroitement attachés à un seul endroit, dont le rayon augmente avec la croissance de leur propre énergopotentiel. Par conséquent, ils peuvent librement changer de lieu de résidence dans un rayon de cent kilomètres ou plus.

Absolument tout le monde a de telles connexions énergétiques entre l'humain et la Terre et est une sorte de tubules filiformes, qui sont très minces chez les individus à faible potentiel, et atteignent un centimètre de diamètre chez les individus à fort potentiel.

La liaison d'une personne à la Terre par de tels tubules se produit à son lieu de naissance et s'explique par les besoins de la Terre en ce point d'elle du type d'énergie que cette personne devrait générer pour elle. Et s'il bouge, alors l'échange d'énergie humaine avec la Terre diminue, et plus il vit loin de sa patrie, moins son énergoéchange avec la Terre est effectué et plus la capacité de la planète à renforcer sa santé s'affaiblit.

De plus, grâce à un tel énergolien avec un lieu, une personne en rêve effectue souvent des vols dans le corps astral vers sa patrie.

PROGRAMMES PRIVÉS ET GÉNÉRAUX

Ce qui met en action la situation de la société.

Lecteur. Ce qui inclut la situation de la société, la met en action. Pourrait-il y avoir un tel point - une tempête, un coup de foudre?

Réponse. À tout moment, contrôle et mineur, en tant qu'événements de la société, le début de l'action peut être une impulsion énergétique, ainsi que tout stimulus externe, y compris la tempête, l'inondation, le feu, etc., car les phénomènes météorologiques ont un puissant effet psychologique sur une personne , et, ainsi, contribuer à son inclusion dans un certain travail, action ou processus créatif. Par exemple, un artiste, un écrivain, un poète a été impressionné par une tempête, après quoi chacun d'eux a créé sa propre œuvre, et les énergies supplémentaires pour la réalisation des impulsions possibles sont toutes calculées à l'avance et mises dans le programme. Mais une personne peut les utiliser (énergies supplémentaires) ou ne pas les utiliser - selon son choix, donc, par exemple, après avoir reçu une impulsion d'un éclair ou d'un orage et inspirée, revenue à la maison, une personne décide de ne pas peindre, mais de se reposer, de s'allonger et de s'endormir. Son choix s'est porté sur la passivité personnelle. Si l'individu n'utilise pas d'énergies supplémentaires, il reste en réserve avec le Déterminant.

Ainsi, **au moment du développement, le programme de notre planète a un avantage sur le programme privé de la personne elle-même, en ce que, avec le temps, il peut utiliser des programmes auxiliaires de formes d'existence privées pour accomplir son programme.**

Le temps et les programmes privés permettent d'ajuster les programmes des civilisations. Comment une société fixe un objectif pour ses unités.

Lecteur. J'ai lu dans votre livre "Homme étonnant" que le Déterminant peut donner des signes à l'élève et s'il ne les perçoit pas, alors Il peut créer une situation où il sera puni, par exemple, battu dans la rue, ou sa femme le grondera. Mais, d'un autre côté, les situations se créent avant la naissance, ou plutôt s'inscrivent dans l'une des voies du programme de l'individu. Et ce chemin est créé lorsque la civilisation est créée, et il s'avère que des situations sont créées lorsque le programme de civilisation est en cours de formation, puisque tous les événements ensemble sont leur chemin commun. Avant la naissance, les âmes sont sélectionnées parmi un ou plusieurs chemins parmi lesquels choisir, et si plusieurs personnes sont impliquées dans une situation, le rôle de chaque âme dans un événement ou un autre est déterminé.

La situation est construite à partir d'énergies éthériques et astrales. Comment s'exprime la nature de l'action qui détermine la qualité de la situation? Et comment s'exprime le caractère de chaque personnage dans cette situation? Non pas la personne elle-même, mais ce qu'elle va accomplir, puisque l'individu lui-même n'a pas encore atteint la situation et, par conséquent, dans la situation, la nature de l'action de telle ou telle personne est en quelque sorte exprimée.

Réponse. Vous comprenez un peu le processus de formation d'un programme humain. Pour la civilisation, un programme général dans son ensemble est créé et le résultat auquel il doit aboutir est fixé. Au sein du programme général, les principales options pour atteindre ce résultat sont calculées. L'humain est apparu après plusieurs milliards d'années d'existence de la Terre. Et le programme de civilisation a été rédigé pendant le développement de la planète. Chaque forme de vie est créée pour aider la Terre, c'est pourquoi des programmes privés aident à corriger le développement d'une forme d'existence aussi vaste que notre Terre. Autrement dit, les petites formes de vie et leurs programmes aident les grandes formes à atteindre leur but, à obtenir le résultat exigé par les Supérieurs. Le développement des grandes formes et de leurs programmes est toujours plus important pour les Supérieurs que l'amélioration des petites formes.

Par conséquent, le programme de la Terre est plus important pour les Supérieurs que n'importe quel programme humain. Et une personne, ne sachant pas tout cela, s'est trop exalté d'elle-même, transformant sa

163

personnalité en cette unité importante, qui en fait ne l'est pas. Il (l'humain)*, comme toutes les autres formes de vie, se réfère aux formes auxiliaires créées pour aider la Terre, à améliorer et à corriger son énorme programme. Il s'est avéré pratique pour les programmes complexes à grande échelle de réguler et de corriger à l'aide de petits programmes d'autres êtres vivants. Par conséquent, lors de la formation d'un programme général pour le développement de la planète, plusieurs variantes différentes de son développement sont créées, parmi lesquelles il existe une ou plusieurs variantes principales.

Bien plus tard, des programmes privés d'individus viennent s'ajouter aux principales variantes, dont les programmes contiennent également leurs propres mini-variantes de situations. Mais **au détriment des programmes privés, des changements peuvent être apportés au programme général de la civilisation au fur et à mesure de son évolution**. Le temps fera certainement ses propres amendements, et les Supérieurs doivent en tenir compte pour ensuite, aux bons endroits, rattacher le programme d'une petite forme de vie au programme principal, en tenant compte des changements qui doivent être apportés à l'existence d'une grande forme. Par conséquent, certaines formes sont constamment apparues sur Terre, puis ont disparu, et d'autres sont venues à leur place.

Par exemple, le temps exigera de ne pas utiliser certains programmes et de remplacer d'autres par des programmes plus progressifs. En raison de la correction des programmes privés, les modifications et modifications nécessaires sont apportées. A cette fin, des programmes privés sont définis, c'est-à-dire dans le but d'introduire des changements temporaires. Par conséquent, au sein d'une civilisation, les remplacements ou ajouts nécessaires pour une nouvelle époque sont toujours possibles.

Pour cette raison, il est tout à fait permis de reconstituer la civilisation existante avec de nouvelles formes de vie à certaines périodes de développement. Mais cela n'est possible que dans les mondes inférieurs. Le calcul exact est fait pour les hautes civilisations qui possèdent les codes de la matière physique, ainsi que dans les mondes de la hiérarchie de Dieu. Là, des ajouts et des modifications se font par d'autres moyens. Le programme privé d'une personne est généralement lié au programme d'une certaine société, qui relie l'individu aux objectifs de cette société, c'est-à-dire que la vie d'une personne privée commence à dépendre du groupe social auquel il était connecté.

Chaque société a ses propres énergies et égrégores éthériques, astrales, mentales et autres*, par conséquent, la personne basse dans cette société sera connectée aux enveloppes éthérique et astrale, celle du milieu - avec la même chose et plus avec le mental, et la haute se connectera en plus aux enveloppes spirituelles. Toutes ces connexions définissent ces types d'énergies avec lesquelles une personne travaillera.

La situation même de tout événement de la société et des individus qui la composent est construite à partir de la gamme des énergies éthériques et astrales. Une situation est un certain événement, et tout événement définit les options pour les actions d'une personne. Disons qu'un cambrioleur fait irruption dans un magasin avec une arme et, menaçant le caissier, demande de l'argent. Il y a des acheteurs dans le magasin. Le voleur et le caissier ont un programme difficile, et les acheteurs ont des options d'actions dans le programme:

1) aider à cueillir un voleur;
2) fuir;
3) ne rien faire.

La nature des actions de toute personne observant la scène du vol dépendra des qualités intérieures du caractère de l'individu qu'il a acquises dans les incarnations passées et dans cette vie. C'est-à-dire qu'au moment du choix, une personne sera automatiquement contrôlée par ses traits de personnalité: le lâche s'enfuira, le courageux bondira sur le voleur, le passif observera sans interférer.

Mais en faisant un choix, une personne renforce telle ou telle qualité en elle-même, c'est-à-dire la construit davantage. Par conséquent, chez le premier individu (aidant à détenir le voleur), la qualité du courage augmente; dans le second (s'échapper) les qualités de peur et de lâcheté continuent à se développer; et le troisième a la qualité de la passivité. Mais si le passif se domine et se jette également sur le voleur, il commencera à développer la qualité du courage.

Et si le plus courageux a peur et s'enfuit, alors les qualités de lâcheté et de prudence commenceront à se former en lui. La dernière qualité apparaîtra s'il comprend logiquement toute la situation, les moments de danger et sa force, en concluant qu'il peut être tué d'un coup de feu avant d'avoir le temps d'atteindre le voleur. Dans certaines situations, ils peuvent également contrôler une personne et ses sentiments.

Ainsi, il est impossible de prévoir quelque chose à des millions et des milliards d'années dans les mondes inférieurs, mais il est tout à fait possible de changer le résultat d'un événement planifié depuis longtemps en raison de l'utilisation de petits programmes de particuliers et d'autres formes d'existence.

DICTIONNAIRE

Absolu - 1) Dieu, l'Esprit Suprême;
2) un volume spatial qui personnifie l'organisme vivant de l'Être Suprême* (voir ci-dessous), contenant tout ce qui existe et est l'apogée d'un certain cycle de développement.

Supérieurs - personnalités qui sont à un niveau de développement plus élevé que le plan terrestre dans la hiérarchie de Dieu, le Diable et gouvernant la Terre et l'humanité.

Âme est une matrice avec un certain contenu énergétique qui change au cours du processus d'amélioration. La matrice est liée à des constructions permanentes et temporaires destinées au monde terrestre.

Nature est un volume spatial appartenant à un immense organisme cosmique, dans lequel tout le reste se trouve et se développe.

Hiérarchie - 1) une structure spatiale cadre du plan «subtile», dans laquelle les mondes de Dieu sont situés dans un certain ordre, habités par des individus d'un certain niveau de développement. Les mondes (ou plans de l'être) sont des Niveaux. Le degré de leur développement augmente de la base de la pyramide de la Hiérarchie jusqu'au sommet, sur lequel Dieu est situé, gouvernant tout ce qui est en dessous. La Hiérarchie contient un nombre strictement spécifique de personnalités et de niveaux;
2) un système de développement de niveau séquentiel de toutes formes, états, substances, progressions, etc.

Système Hiérarchique - 1) une communauté de Substances raisonnables, unies par un Niveau de Développement et restant dans la Hiérarchie. Les Systèmes sont situés à un ou plusieurs Niveaux et ont un degré de développement correspondant à ce Niveau;
2) Un système appartenant à la Hiérarchie.

Qualité de l'énergie est une forme d'énergie homogène.

Karma est une récompense pour une personne pour des actions positives ou négatives dans une vie passée (bon ou mauvais sort inhérent au programme de la vie d'une personne).

Code est un ensemble de cryptages énergétiques obtenus sur la base de calculs des Systèmes de règlement supérieurs et portant des informations de base sur un objet ou un processus spécifique pour le stocker et le traiter afin de reconnecter les processus passés avec ceux actuels. Le code stocke une relation séquentielle d'éléments à partir de laquelle le résultat final souhaité est obtenu.

Matrice est le squelette de l'âme pour remplir et stocker divers types d'énergies qui forment la base du caractère d'une personne. Il a une structure cellulaire et a la propriété de cultiver indépendamment des cellules lors du remplissage de cellules existantes. La matrice est une construction spiritualisée auto-croissante. Son remplissage d'énergie se déroule selon une séquence régulière établie par Dieu.

Puissance de l'âme (pouvoir) - 1) est sa puissance, constituée de la somme des potentiels des types d'énergies accumulés;

2) la capacité de l'âme à effectuer des actions ou des processus (y compris les actions mentales); la capacité de travailler par unité de temps.

Inférieurs sont des individus appartenant au monde terrestre. Une personne matérielle est toujours en développement au-dessous de ceux qui sont dans la Hiérarchie de Dieu, car l'énergie «subtile» est un niveau supérieur d'organisation de la matière.

Déterminant - (ancien - Maître Céleste), la Personnalité suprême, conduisant une personne ou une autre créature à travers la vie. Contrôle l'exécution du programme par une personne.

Hiérarque Négatif est un hiérarque qui dirige la direction négative du développement. A sa propre Hiérarchie.

Système Négatif est une communauté de Substances hautement développées associées à l'accumulation d'énergies négatives dans la matrice par le biais d'opérations de calcul, de programmation et de nombreux autres processus. Ce Système est dirigé par un Hiérarque négatif (Diable).

Plan (d'être) - 1) le monde, le plan d'existence;

2) le continuum espace-temps d'une certaine construction, l'habitat de formes spécifiques d'êtres. Les plans de l'être sont séparés par des frontières spatiales ou temporelles, ou sont situés dans des continuums avec des caractéristiques de fréquence et d'énergie différentes de la matière.

Système positif est une communauté de Substances* hautement intelligentes associées à l'accumulation d'énergies positives dans la matrice à travers les processus de créativité, d'aider les autres et un certain nombre d'actions positives différentes.

Potentiel de l'âme est un indicateur de force de la personnalité. Il consiste en la somme des potentiels des énergies qui remplissent sa matrice et ses enveloppes constantes.

Progression de l'âme est la croissance, l'accumulation d'énergies dans sa matrice conformément à un programme donné.

Cinquième race est le nom donné d'en Haut à l'humanité, qui s'est développée jusqu'en 2000. Le nom est associé à la transition de la Terre vers la cinquième orbitale en tant que Niveau de développement supérieur.

Décodage - destruction de l'âme sur le plan subtil; l'annulation de la conscience de l'individu de son «ego» en tant que personne; démantèlement des structures d'énergie subtile de l'âme avec un nettoyage complet des cellules de la matrice des énergies collectées par l'individu dans toutes les incarnations précédentes.

Réincarnation est la réincarnation de l'âme d'une personne dans différents corps d'une vie à l'autre. Mini-étapes du développement évolutif de l'âme.

essence - la signification intérieure de quelque chose.

Substance est une personnalité qui se développe dans la Hiérarchie de Dieu (ou du Diable). Les Substances de la Hiérarchie sont divisées en différents Niveaux de développement.

Substance (l'être) est un individu intelligent appartenant à un autre monde, sous une forme qui ne ressemble pas à un humain, mais possédant des constructions temporaires qui l'adaptent au monde dans lequel il existe.

Subtil (monde, structure, enveloppe, etc.) - 1) tout ce qui est en dehors de la perception humaine;
2) tout ce qui est créé à partir d'une énergie d'un ordre supérieur à la matière physique niveau - le degré de développement de quelque chose ou de quelqu'un.

Niveau de la Hiérarchie est le monde ou le plan d'existence dans la Hiérarchie. Les Niveaux sont disposés selon leur ordre, c'est-à-dire la séquence naturelle du développement des énergies du plus bas, le plus proche de la Terre, au plus élevé, le plus proche de Dieu.

Sixième race est une nouvelle race de l'humanité, originaire conventionnellement de 2000. Le nom est associé au passage de l'humanité à la sixième orbitale, un stade de développement plus élevé que celui de notre cinquième race.

Énergie - 1) tout type de matière (à la fois le plan physique et le plan subtil), caractérisé par un ordre de niveau de développement;

2) c'est une mesure générale de diverses formes de mouvement de la matière (définition classique);

3) le potentiel total contenu dans un volume limité.

Énergoaccumulations sont les accumulations de divers types d'énergie dans n'importe quel volume.

Énergopotentiel est une caractéristique du pouvoir énergétique de l'âme ou de quelque chose (processus, volume du monde), qui est constitué des potentiels totaux de toutes ses accumulations d'énergie (accumulations de l'âme, processus, état, etc.). Plus le volume accumule d'énergies, plus son énergopotentiel est élevé, plus la puissance et le Niveau de développement sont élevés.

Énergocomposants - la composition des énergies dans n'importe quel volume.

Énergocorps sont des enveloppes énergétiques humaines.

(Terminé le 31.09.2019)

Sommaire